U0588910

学校教育管理研究

杨颖萱　胡彩霞　侯佳伟　著

吉林出版集团股份有限公司
全国百佳图书出版单位

图书在版编目（CIP）数据

学校教育管理研究 / 杨颖萱，胡彩霞，侯佳伟著
. -- 长春：吉林出版集团股份有限公司，2023.10
ISBN 978-7-5731-4435-5

Ⅰ.①学… Ⅱ.①杨… ②胡… ③侯… Ⅲ.①学校管
理–研究 Ⅳ.① G47

中国国家版本馆 CIP 数据核字 (2023) 第 204938 号

学校教育管理研究

XUEXIAO JIAOYU GUANLI YANJIU

著　　者　杨颖萱　胡彩霞　侯佳伟
责任编辑　马　　刚
助理编辑　李滨成
开　　本　787 mm × 1092 mm　1/16
印　　张　9.75
字　　数　210 千字
版　　次　2023 年 10 月第 1 版
印　　次　2023 年 10 月第 1 次印刷
出　　版　吉林出版集团股份有限公司
发　　行　吉林音像出版社有限责任公司
　　　　　（吉林省长春市南关区福祉大路 5788 号）
电　　话　0431-81629679
印　　刷　吉林省信诚印刷有限公司
ISBN 978-7-5731-4435-5
定　　价　68.00 元
如发现印装质量问题，影响阅读，请与出版社联系调换。

前　言

　　加强高等教育管理研究必须科学定位发展方向，树立理论与实践相结合的发展理念，关注高等教育管理工作中面临的新情况、新问题，积极探寻高等教育管理规律，注重理论研究、学科建设与管理实践相结合，充分借鉴其他学科的理论与方法，促进高等教育管理研究与管理实践的融合发展，从而推动我国高等教育管理事业的科学发展。

　　高等教育管理是高等教育发展的关键因素。要想研究我国高等教育管理的历史和现状，就必须聚焦高等教育管理研究及其理论的发展状况，只有大力发展我国高等教育管理理论研究，才能使其更好地服务于高等教育。自 21 世纪以来，高等教育在国家发展战略中的地位越来越突出，高等教育在经济社会发展中的作用也从间接推动转变为直接拉动，经济和社会发展比任何时候都更加依靠知识的更新、人们素质的提高、科技的创新及教育的发展。

　　高校教育管理创新，是高校教育发展的必然趋势，也是学生朝着综合型人才转变的根本需求。高校是向国家输送人才的重要场所，只有高校自身抓住教育管理改革的关键，才能更好地进行发展和突破，促进一批批复合型人才的培养。本书首先在高校教育管理的概念、价值等基础理论分析的基础上，引出了高等教育管理的功能和原则；其次对高等学校的学生教育管理、教学工作管理等理论和实践进行了详细论述；最后对大数据背景下我国高校教育管理的发展创新进行了探索。

杨颖萱　胡彩霞　侯佳伟

2023 年 6 月

目 录

第一章 小学教学课堂管理

第一节 小学教学管理

一、小学教学管理概述

教学是落实国家教育方针、实现学生全面发展的基本途径，是学校教育工作的中心环节。教学管理工作是学校全部管理工作的中心。教学管理的状况直接影响学校教学工作质量和学生学习质量。研究和探索学校教学管理工作的规律，做好教学管理工作，对学校的长期发展都具有重要的意义。

（一）小学教学管理的概念

小学教学是小学教师在学校的特定环境中，有目的、有计划、有组织、有系统地向小学生传授基本的科学文化知识和技能，发展小学生的智力和体力，培养小学生的整体素质的教育活动过程。教学是一个复杂的过程，涉及教学的计划、内容、方法，以及教师、学生、学校环境和设施等诸多因素。开展教学活动，要处理好理论与实际、掌握知识与发展智力、传授知识与思想品德教育及保证学生身体健康等关系。因此，要提高教学质量，就必须充分发挥各因素的作用，并处理好教学任务中的各项关系，加强教学管理。

小学教学管理就是按照教学的规律对教学工作全过程实行科学管理。即小学管理者遵循教学规律，行使管理职能，对教学各因素进行合理组合，使教学活动有序、高效地运转，完成国家教学计划和课程标准规定的教育任务，以实现预定教育目标的管理活动。

（二）小学教学管理的意义

1. 教学工作本身的重要性要求做好教学管理工作

教学是学校教育的基本途径，学校教育目的的贯彻落实和各种教育任务的完成主要是通过教学途径来实现。教学的知识容量大，计划性、系统性强，活动的效果明显，对学生的全面发展和个性的培养发挥着突出的作用。教学工作是学校的中心工作，是教育质量形成的基本途径。小学管理者应该用主要的时间和精力来管理教学工作。一所学校教学管理的状况代表着学校管理工作的整体水平。

2. 教学工作的复杂性要求对其实施有效的管理

教学工作的复杂性首先表现在教学工作是多因素综合作用的复杂过程，既包含着教师和学生的教与学的活动，也包含着教材、教学设备及教学环境等因素的作用。要想使教学工作取得较高的质量，必须协调好这些因素的关系。其次教学工作又是多系列的活动过程，在一定的教学周期，不仅要开设各种不同的学科课程，还要开展各种不同的教学活动，这些都要求小学管理者对教学工作实施有效管理。

（三）小学教学管理的任务

1. 坚持和引领正确的教育思想

教学应该坚持正确的教育思想，这是教学管理的首要任务。学校的教学工作总是在一定的教育思想指导下开展的，教学思想正确与否关系到教学工作的方向和人才培养的质量。小学教学管理者必须做到自身头脑清醒，方向明确，这是做好教学管理工作的前提。同时，还要帮助、教育全体教职员工树立正确的教育思想。

2. 正确处理教学中的各种关系

（1）正确处理教与学的关系

教学活动是教师的教与学生的学组成的双边活动，教学管理工作必须同时抓好对这两个方面的管理，使教与学双方形成最佳的组合状态。在充分发挥教师教学主导作用的同时，充分发挥学生在学习上的主体作用，激发学生学习的自觉性和积极性，使教学双方有机结合，互相促进，从而提高教学质量。

（2）正确处理理论与实际的关系

学生在教师指引下，通过学习教材获得系统化的理论知识，这些知识对学生而言，是抽象的、间接的知识，必须通过与实际的联系，学生才能理解、消化以至运用这些知识。所以，教学管理的任务除了引导教师教好、学生学好书本知识外，还必须创造条件，通过观察、实验、实习、调查及社会实践活动等，让学生接触实际，从而更好地理解、运用所学的知识。

（3）正确处理掌握知识与发展能力的关系

掌握知识是发展能力的基础，而学生能力的发展又有利于进一步学习和掌握知识。在教学管理中，学校管理者应指导教师不仅重视知识的传授，更应注意培养和发展小学生的各种能力。

3.做好教学管理过程阶段的工作

教学管理是一个严密的过程，包括教学工作的计划制订、教学工作的组织、教学工作的检查、教学工作的总结等环节。教学管理的起点是教学计划的制订。为了实施教学计划，必须做好教学的组织工作，还要深入教学工作的全过程中，及时了解教学工作的情况，检查教学工作质量，进行具体指导，认真总结教学工作的经验。从事教学管理，必须做好各环节的管理工作，才能获得最终的管理质量。

4.开展教学研究，促进教学改革

教学研究是提高教师素养，提高教学水平，改进教学工作的重要途径。小学管理者应从教师工作的实际出发，以教育科学理论为指导，根据各科教学工作的特点，有计划、有步骤地组织教师探索教学规律，促进教学改革。

5.建立和健全教学管理组织系统

（1）建立和健全有效的教学指挥系统

教学指挥系统是教学管理的决策系统，为了保证其有效运转，需要符合以下条件：第一，要有正确的教学指导思想，明确教学工作的目标和标准。第二，能够及时、灵敏、准确、全面地掌握教学工作的情况。第三，能够正确、及时地做出教学决策，提出教学工作指导意见。第四，能经常及时地获得指挥效果的反馈信息，能够对指挥效果做出准确判断，不断调整、改进教学管理工作。

（2）加强教导处的建设

教导处是教学管理的职能系统，其主要任务是协助校长计划、组织、检查、指导教学工作，协调各年级、各学科的各种教学活动，贯彻实施学校各项有关教学的制度、规则、决定和要求，处理日常教务行政事宜。教导处的负责人是教导主任。小学教导主任的工作职责主要包括：协助校长制订并实施学校教育教学工作的计划，对教学工作进行检查总结；组织教师开展教学工作。教导处其他人员的配备应遵循精干的原则，并注意人员结构的合理性。

（3）重视教研组工作的管理

教研组的主要任务是组织教师开展教学研究，总结、交流教学经验，提高教师教育教学的思想水平、业务水平和教学工作能力，改进教学工作，提高教学质量。要抓好教研组管理，先要建立和健全教研组。对实施分科教学的小学，同一学科教师在3人以上，即可成立学科教研组；不足3人者，可将学科性质相近的教师组织起来，成立多科性的教研组；实施包班制的小学，可以将同一年级的主科教师组成教研组，副科教师可由相近学科组成多学科教研组。教研组成立后要制定相应的规章制度，定期开展多种形式的教研活动。教研组长的素质关系到教研组活动的效果和质量，所以，要重视教研组长的选拔。一般来说，教研组长应在教学业务上有较高的威信，有一定的组织能力，能够团结群众。

二、小学课程管理

小学课程管理包括广义和狭义两种含义。广义的小学课程管理，是指教育行政部门和学校两方面开展的课程编制、实施、评价等一系列工作活动。狭义的小学课程管理，则是指学校教学管理者对学校内部课程系统开展的调节、控制的活动过程。

（一）小学课程管理的意义

1. 课程管理直接决定课程实施效果

课程实施是把课程计划付诸实践的过程，是达到预期的课程目标的基本途径。从这个意义上讲，教育行政部门和学校只有认真考察课程实施的各种条件，有计划、有组织地协调人、物与课程的关系，提高课程管理的水平，科学指挥课程实施，才能达到预定目标。因此，课程管理是课程实施成败的关键，只有做好课程管理工作，才能有课程实施的良好效果。

2. 课程管理可以提升教师专业水平

教师参与课程决策、实施与管理，是教师专业提升的一个重要载体和平台，是提升教师专业化水平的重要途径之一。一方面，实施课程管理，就要对原有的课程进行改革，课程改革要求教师系统考虑影响课程实施的各种现实因素，对自己的思维方式、个人习惯、教学方式等进行一系列的调整，实现课程的再创造。例如，对课程时间的微调、对课程内容进程的改变等。这一调整、创造的过程，对教师而言，就是变革教学的过程。教师的专业化水平也正是在这种变革过程中逐步得以生成和提升的。另一方面，课程管理体制和状况，决定着教师参与课程发展与管理的程度，也会影响教师专业化发展。集中统一、机械的课程管理体制必定束缚、阻碍教师参与课程变革的空间，限制教师对课程变革与实施的积极性、创造性，在一定程度上使教师丧失了专业成长的机会。加强学校课程管理，促进教师参与到课程变革的专业实践之中，可以激发教师参与课程发展的积极性和创造性，丰富教师的专业知识和技能，提升教师的反思与研究能力，增强专业自信力，推进教师专业化水平的提升。

3. 课程管理可以增强课程适应程度

新课改实行国家、地方、学校三级课程体制，目的就是改变以往课程管理过于集中的状况，增强课程对地方、学校及学生的适应性。新课改明确了国家、地方、学校在基础教育课程管理中的职责分工，使课程设置既能满足教育目的和内容的共性要求，又可以更好地发挥各地的优势资源，满足不同地方的个性化需求。

4. 课程管理可以提高课程理论研究水平

学校是课程实施的主要场所，通过学校课程管理，加强对课程编制、实施和评价等的理论研究，不仅有助于学校的课程改革，也有助于提高课程理论研究的本土化水平。

（二）小学课程管理的实施

1. 国家对基础教育课程的管理

国家对课程的管理主要有以下四个方面。

（1）总体规划基础教育课程

国家从基础教育是社会发展的全局性、先导性工程的高度出发，充分考虑满足学生终身发展的实际需要，对基础教育课程进行整体规划，努力建立新的基础教育课程体系框架，引领全国基础教育课程改革的基本走向。

（2）制定课程管理的各项政策

国家从宏观管理的角度制定了与课程改革相关的大致方针。就目前正在开展的基础教育课程改革而言，最主要的纲领性文件就是《基础教育课程改革纲要（试行）》。它明确了课程改革的指导思想，拟定了课程功能、课程结构、课程内容、课程实施、课程评价、课程发展六个课程改革的目标。在其统领之下，已经出台和将要出台一系列的课程政策文件明确了课程改革的整体框架，分门别类地对课程改革的方方面面进行指导，保障了课程改革实践的有效推进。

（3）制定基础教育课程标准

课程标准体现着国家对基础教育课程的基本规范和质量要求，体现着国家对公民素质的基本要求，是绝大多数学生经过努力都应该达到的目标。课程标准是对学生发展的最低要求，目的在于明确学生培养的质量，保证教师的教学水平。国家通过制定课程标准来引导和控制培养目标的达成、教学质量水平的提高。课程标准对教材、教学和评价具有重要的指导意义，是教材编写、教学实施和教学评价的基本依据。

（4）积极试行新的课程评价制度

课程评价是课程管理的重要手段，对课程管理起着导向和监控的作用。从某种意义上说，有什么样的评价制度就会形成什么样的课程理念，产生什么样的课程行为，所以，课程评价是课程改革成败的重要因素。国家应调动各方面力量努力研究、构建新的课程评价体系，带动地方和学校形成新的课程评价观念和意识。

2. 地方对基础教育课程的管理

地方对课程的管理主要有以下三个方面。

（1）贯彻国家课程政策，制订课程实施计划

省一级（省、自治区、直辖市）教育行政部门应根据国家的课程计划和课程管理政策，在贯彻《基础教育课程改革纲要（试行）》精神的基础上，结合本地的政治、经济、文化和教育发展的实际情况，从满足学生多样化发展需求的角度，制订本地区适用的课程实施计划。地（市）、县（市、区）教育行政部门则根据省级课程实施计划，制订适合本地区的课程实施方案。

（2）组织课程的实施与评价

地方各级教育行政部门要积极创造条件，认真组织，全面落实课程实施计划，引导学校和教师切实转变课程实施的观念，规范课程实施的行为。加强监督与指导，确保学

校按规定开设国家课程。地方课程和校本课程的实施要注重实践性、综合性和多样性，组织开展不同形式的活动，让学生在丰富的感受、体验和操作中，形成实践能力、创造能力和生动活泼的个性。地方要根据《教育部关于积极推进中小学评价与考试制度改革的通知》，制定本地课程评价的指导性意见，对国家课程、地方课程和校本课程的实施、开发和质量进行评价，并对学生评价、教师评价和学校评价等提出具体要求和办法；要建立和完善课程评价的检查、反馈、指导及奖惩机制，全面、客观地了解本地区课程评价的状况，分析存在的问题，提出改进的意见和建议，使课程评价制度化、规范化、科学化。

（3）加强课程资源的开发和管理

各地要建立课程资源开发中心，做好社会资源、自然资源和信息资源等课程资源的开发工作，改变以教材为唯一教学资源的现象，建立以书籍、实物、影像、软件、网络等为载体的课程资源开发系统，充分发挥课程资源中心的作用，指导学校选用、优化和整合适合本校的课程资源，促进课程资源的共享。

3. 学校对课程的管理

学校是课程实施的场所，课程改革的目标与要求最终都要在学校这一层面得到体现。学校对课程的管理主要有以下四个方面。

（1）制定课程实施方案

学校要根据上级教育行政部门制定的课程设置方案与课时要求及相关政策文件，对学校的课程做出整体的规划和安排。主要包括制订学年、学期课程实施计划，包括各年级的课程门类、课时分配情况、课程表、作息时间表、课程的实施要求与评价建议等。

（2）创新教学管理制度

学校教学管理制度对教学工作起着重要的导向和制约作用，直接影响教师课堂教学的全部活动。教师备课、作业布置、考试命题、教研活动、教学检查与评估等，应以教学管理制度为标尺。教学模式、教学方式能否变化，从某种程度上说，取决于学校的教学管理制度能否创新。所以，学校要做好课程管理工作，就必须对教学管理制度进行改革，使之有利于教学工作的改革创新，并取得实效。

（3）管理和开发课程资源

学校要采取各种措施，通过多种途径，帮助教师积极选择、优化、利用和开发校内外各类课程资源，建立多渠道、多样化的课程资源系统和课程资源库，为教师的课程开发提供条件，为教师创造性地实施课程搭建平台。要帮助教师形成强烈的课程资源开发与利用的意识，培养教师的课程资源开发能力，使教师能够从生活实际中发现有益的课程资源，作为个性化课程实施的基础。

（4）改进课程评价

学校课程评价要突破传统的评价模式，注重检测学生在知识与技能、过程与方法、情感态度与价值观三个维度的整体发展水平，注重学生的体验和经历，强调学生创新精神和实践能力的形成和表现。要努力进行评价方法的改革，改变将考试作为唯一的课程评价手段和过分注重分数、等级的做法，采用开放的评价方式，运用行为观察、情境测验、学生成长记录等多种方法，对学生发展的过程和结果进行综合评价。改变以学生的考试成绩作为主要甚至是唯一标准评比和奖励教师的做法，对教师的职业道德、课程开发和实施能力、教学研究能力等方面进行全方位的评价，在严格规范的基础上，鼓励教师积极进行各种适合于学生发展的课程改革与创新。

三、小学教学管理的实施

一般来说，对小学教学工作的管理主要从教学质量管理、教学计划管理、教学过程管理、教学资源管理四个方面来实施。

（一）小学教学质量管理

小学教学管理的中心任务在于提高教学质量，教学工作的其他管理活动都要围绕这个中心来进行，因此，教学质量管理是小学教学管理的中心环节。

1. 小学教学质量管理的指导思想

首先是学生全面发展。衡量小学教育质量，必须遵循德、智、体、美、劳全面发展的要求。其次是全体学生的发展。小学教育是面向全民的义务教育，必须做到使所有的学生都获得全面的发展。最后是全面完成教学任务。全面完成教学任务就是既要加强基础知识和基本技能的教学，并在教学中培养学生正确的思想观念、道德品质，又要加强学生能力的培养，把提高思想、传授知识、培养技能、发展能力统一起来。

2. 建立小学教学质量管理体系

教学是教与学的双边活动，对教学的管理也应从教与学两个方面来进行。教学质量管理体系也要在教学工作主管人员的统一领导下，按照教与学两个方面组成密切相关的两个管理系列。教的方面包括校长—教导主任—教研组长—教师，形成一个管理系列，每个层次都要有明确的管理职责。学的方面包括校长—教导主任—年级组长—班主任—学生。这两个系列相互联系，紧密结合，共同构成学校质量管理体系，把学校教学活动中的每个成员都组织在管理与被管理的系统中。

3. 对形成小学教学质量的诸因素的管理

小学教学质量的形成是由多种因素综合作用的结果。形成小学教学质量的直接因素包括教师、学生、教材、教学设备四个方面。教师在教学中发挥主导作用，学生在学习中处于主体地位，教材提供了教学内容，教学设备则是教学活动赖以进行的物质条件。教学质量管理就是要使这四种因素都处于最佳状态，并使诸因素之间形成最佳联系，以求最终获得优良的教学质量。因此，学校领导要采取有力措施，提高本校教师素质，充分调动学生学习的积极性，选用适合的教材，不断完善、充实学校的教学设备。

4. 对小学教学工作的全过程实施管理

教学过程包括教师教的过程和学生学的过程。教师教的过程包括备课、上课、布置作业、辅导、检查与批改作业、总结分析等环节。学生学的过程包括预习、上课、复习、作业、小结等环节。这两个过程密切联系，有机结合，同步同向运行。对教学过程实施管理，首先，要对教师教和学生学的每一个环节制定规范，提出质量要求，作为教师教与学生学的目标，以及对教学工作进行检查评价的依据和标准。其次，充分宣讲，使全体师生了解和掌握教与学过程中诸环节的质量要求，自觉地贯彻执行，并经常坚持以此标准对照检查自己的教和学，做好自我控制和调节。最后，教学管理者要深入教学全过程中，全面掌握教师教与学生学各环节的情况，及时发现教学工作和学习过程中的薄弱环节，及时指导改进。

5. 制定小学教学质量检查与评价的标准

教学质量标准应依据国家的教育方针、培养目标、小学教育的任务、课程标准、教科书的内容和要求来制定。一般包括三方面的内容：第一，教学工作质量标准。这是对教师教学工作各环节和学生学习过程各环节的合乎科学的规范化的要求。第二，教学效果标准。教学效果标准比较复杂，目前一般采用的方式是把预期教学效果量化为分数，确定分数控制线，通过考试的方法，对实际教学效果进行检测，然后做出分析评价。第三，时间标准。时间标准是指各科教学必须按照教学计划、课程标准规定的教学时间进行教学工作。学校应科学规定学生课后学习与完成作业的时间限额，并与课程标准和教学计划中规定的教学时间相结合，确定学科的教学时间标准。时间标准应作为检查评定教学工作的标准之一。

（二）小学教学计划管理

计划环节是管理活动的起始环节，是管理全过程的起点。小学教学计划管理是小学管理者通过制订学校教学工作计划，并建立教学计划体系，对教学工作施加管理。

教学工作计划体系分为三个层次，分别是学校教学工作计划、教研组工作计划和教师教学工作计划。

1. 学校教学工作计划

一般情况下，学校教学工作计划的制订应由校长亲自主持，教导主任协助完成。

（1）制订教学计划应遵循的要求

第一，要保证教学工作计划的方向性和科学性。学校管理者要认真学习教育方针政策，领会上级教育管理部门的指示精神，依据教育科学理论，明确计划的指导思想。

第二，要对本校教学工作的基本条件和实际情况进行深入分析。从全校干部队伍的状况、教师队伍的状况、学生的基本状况、教学设备条件等各方面，分析学校的优势和经验，了解存在的问题和工作中的薄弱环节，在此基础上，科学预测分析学校教学工作的发展趋势，制订适合本校实际的教学工作计划。

第三，发动教师参与学校教学计划的制订。教师参与计划制订的过程，是统一思想、提高认识的过程，是教师参与教学管理的过程，既能使教师增强责任感，又有利于教师的个人教学计划与学校教学计划的整合。

第四，学校教学计划应保持协调一致，教学工作涉及不同年级、不同班级、不同学科的教学活动。在制订学校教学计划时，应对各年级、各班级、各学科进行统筹考虑，妥善安排，使教学工作整体保持协调一致。

（2）教学计划的内容

教学工作计划一般包括以下几个方面的内容。

第一，教学工作基本情况和条件的分析。主要内容有对前一阶段教学工作的全面分析，包括获得的主要经验和存在的主要问题等；还有对本学期教学工作的基本条件，如领导力量、师资情况、学生数量与质量、教学设备等方面情况的盘点与分析。

第二，本学期教学工作的目标、任务与要求。

第三，教学管理的具体措施。主要包括：加强教学工作领导的措施；加强教师队伍建设的措施；开展教学研究，促进教学改革的措施；完善管理制度，稳定教学秩序的措施；提高学生学习效率和积极性的措施；开展课外学习活动的措施；改善教学工作条件的措施。

第四，完成各项任务和落实各项措施的具体安排。按照各项任务和各项措施之间的关系，合理安排各项工作的内容、时间、负责人等，统一列表，以利于执行和检查。

2. 教学研究组的工作计划

教学研究组简称教研组。教研组的工作计划应根据学校教学工作计划，结合本组教学的具体情况制订。教研组工作计划是学校教学工作计划在教研组的具体化。教研组工作计划由教研组长负责，在全组成员集体研究讨论的基础上制订，经主管校长或教导主任批准后执行。

教研组工作计划的内容主要包括以下几方面：第一，前一学期教研组教学工作基本情况的分析。第二，本学期教研组开展教学研究，改进教学工作的基本目标与任务、要求。第三，教研组各项具体工作任务、措施与安排。第四，教研组内教师的业务进修与培养提高工作。第五，学生工作。包括指导学生学习、征求学生对本学科教学意见、指导学生课外学习活动等。第六，有关本学科教学的各种资料的收集、整理、研究和保管工作。

3. 教师教学工作计划

教师的教学工作计划是教师在整个学期内进行教学工作的依据。教师须依据学科课程标准和教材的内容与要求，结合所授课班级的实际情况，按照学校和教研组的工作计划和要求，制订自己的教学工作计划。教师教学计划应在学期初制订，经教研组长同意后，交教导主任或主管校长审批后执行。

教师教学工作计划包括以下几个方面的内容：一是对本学期课程内容的分析，包括基础知识的传授、基本技能与能力的培养、教材的重难点分析、各部分内容之间的相互关系等。二是对前一学期学生学习本课程基本情况的分析，主要指学生的基础知识、能力发展水平、学习态度和学习方法等方面的情况。三是本学期本课程的教学目标、任务和教学要求。四是本学期改进教学的具体措施。五是教学进度的安排，需要标明章节、课题、所需课时，以及实验、实习、参观等教学活动的内容和时间安排。

（三）小学教学过程管理

教学过程是根据一定的社会要求与教学目的和学生身心发展的特点，由教师的教和学生的学组成的双边活动过程。教师教学的过程由备课、上课、课外辅导、作业批改、成绩考评五个基本环节构成。学生学的过程由课前预习、听课、复习巩固、考查、掌握和运用五个基本环节构成。教学过程的管理就是对这一过程涉及的各种要素及活动的管理。

1. 教师备课管理

备课是教师教学过程的起始环节，备好课是上好课的前提。因此，为了提高课堂教学质量，必须重视教师备课管理。

（1）备课的形式

①个人备课。个人备课是小学教师最基本、最常见的备课形式。每一位教师在走上讲台之前，都必须对所教内容、所用教材、所教学生、所用方法进行充分的准备，并形成自己的教学计划和教案。教师个人备课最大的优势是可以充分发挥自己的特长和优势，针对自己所教学生的特点进行教学设计，关注学生的个体差异，更能满足学生的个性需要。但是个体的力量和智慧毕竟是有限的，故步自封的个体备课形式对整体提高课堂教学质量是不利的。

②集体备课。集体备课可以集思广益，凝聚集体智慧，是促进教师合作和教师专业发展的有效形式，对提高教师教学素养、课堂教学质量都具有很好的作用，是小学教研经常采用的形式之一。

有效的集体备课有以下几种方式。

第一，以解决常规教学问题为主的集体备课。围绕教学内容，每位教师阐述自己的教学设计理念、教学操作的具体策略以及细节亮点等，在此基础上形成一致的教学设计方案。

第二，带有专题研究性质的集体备课。确定教学中的某个共性问题，一起探讨解决问题的策略，进而摸索出一系列操作性强、可持续发展的操作策略。这是一个研究、实践、再研究、再实践的过程，需要多次重复研讨。

第三，以培养青年教师为主的集体备课。这种集体备课的目的是帮助和引导青年教师成长，因此，着力点应放在帮助青年教师发现优势和专长、修正问题和弥补不足上。

（2）备课的检查与考评

小学教师备课管理最常用、最基本的形式，是由业务负责人定期检查教师备课。检查的方式主要有翻阅备课本和开展教案评比、展览活动。这两种检查方式都指向教案，主要考查教案是否工整，数量是否充足，设计是否科学、是否有创新等。教案是教师上课的重要依据，把教案作为检查备课的关键指标具有一定的合理性。但是如果把教案作为考评备课工作质量的唯一指标，就容易造成教师的应付心态。教案的篇幅、字迹、格式、数量等确实能够反映教师的工作态度，但是教师在备课中钻研教材、设计教法的创造性活动和了解学生等的主观情感活动很难在教案中完全反映出来，而这些工作的差异最终将会在课堂上呈现出来。因此，应将对教师备课工作的评价与课堂教学的评价结合起来。课堂教学状况好，说明备课一定下了功夫；课堂教学效果不好，教案写得再好，也是一纸空文。

2. 课堂教学管理

教学是学校的中心工作，教学的中心在课堂。学校管理者做好课堂教学工作的管理，是提高教学效果和教学质量的重要保证。

（1）加强小学课堂教学常规管理

课堂教学常规管理是课堂教学顺利高效进行的保证。课堂教学常规主要包括教师在课堂上的行为规范、教学活动规范，以及学生在课堂上的行为规范等内容。加强小学课堂常规管理，不仅要完善课堂常规管理的文本，更要加强对课堂常规执行情况的监督和检查，使课堂常规真正发挥作用，保证课堂高效、有序进行。

（2）教学管理者应深入课堂

要做好课堂教学管理工作，需要教学管理者走进课堂，了解教学的实际情况，认真听课和评课。听课是教学管理的有效途径。一方面，管理者通过走进课堂可以多方面了解学校情况，评估学校各方面的管理成效，解决教学及管理中存在的问题和疏漏，使决策和管理更科学、更高效；另一方面，通过听课，管理者可以指导和帮助教师增长教学智慧，提高课堂教学水平。

（3）开展各种课堂教学评比活动

首先，开展课堂教学评比活动，对推进新的教学理念有明显的促进作用。评比标准就是教学设计与课堂教学活动实施的风向标，通过开展评比活动，可以将教学改革的新理念渗透给教师。其次，课堂教学评比活动能够调动参赛教师的积极性和创造性，使之在较短时间内通过自主钻研、合作交流迅速成长。最后，鼓励其他教师积极参与，通过听课与评课，发现自身教学中存在的问题，促进共同提高。

3. 考试考评管理

考试考评是教学过程中不可或缺的重要环节，是了解和提高教学效果和教学质量的重要手段和工具。对教师而言，通过考试和考评，可以检测自己的工作效果；对学生而言，通过考试和考评，可以检测自己的学习情况。

要做好考试考评工作的管理，首先，应树立正确的指导思想。小学阶段的教育目标是促进学生全面发展，因此，对小学生的评价不仅要关注其学业成绩，更要发现和发展学生多方面的潜能，了解学生发展中的需求，帮助学生认识自我，建立自信。其次，实施发展性评价，淡化考试的甄别和选拔功能，真正发挥考试考评促进教师专业发展、促进学生发展的功能。最后，应从单纯依赖书面测验、考试检查学生对知识、技术掌握的情况，转变为运用多种方法综合评价学生的情感态度与价值观、知识与技能、过程与方法等方面的变化与进步，丰富评价与考试的方法，如成长记录袋、学习日记、情境测验、行为观察和开放性考试等，追求科学性、实效性和可操作性。

（四）小学教学资源管理

广义而言，教学资源是指在教学过程中被教学者利用的一切要素，包括支撑教学的、为教学服务的所有人、财、物、信息等。狭义而言，教学资源主要包括教学材料、教学环境及教学后援系统。小学教学资源管理是指通过对小学教学资源的计划、组织、协调和评价，以实现既定教学目标的活动过程。小学教学资源管理，可以分为有形教学资源管理和无形教学资源管理两个方面。

1. 有形教学资源管理

有形教学资源管理包括设备资源管理、环境资源管理和媒体资源管理。教学设备是形成教学质量的基本要素，学校应努力提高教学设备的完备性和先进性。教学环境是形成教学质量的隐性因素，学校要努力营造有利于教学质量形成的良好的教学环境。随着科学技术的迅猛发展，教学媒体资源的内涵和外延都得到了极大的丰富与扩展。网络技术的发展，为学校提供了更广泛的教学资源。这对小学教学管理者在计算机和网络素养方面提出了更高的要求。

2. 无形教学资源管理

无形教学资源包括信息资源、技术资源和行政资源。信息资源的管理主要表现在构建师生信息交流的平台上，如教学资源库的建设。技术资源主要包括教学模式、教学方法和教学手段。做好技术资源的管理，不仅要求学校密切关注本校教师的教学活动，总结优秀教师的特色教学模式和教学方法，还要关注其他学校的先进教学技术，通过切磋交流，提高本校的教学技术。行政资源包括与教学相关的各种政策法规、教学组织管理和运行机制。教学行政资源的开发与管理是提高教学质量的保证，是衡量教学管理水平的标志之一。教学管理的效能高低与教学管理的制度是否健全、组织是否高效、机制是否科学有着极大的关系。

第二节　小学课堂管理

一、课堂管理与小学课堂管理

（一）课堂管理的概念

课堂管理是指教师为了保证课堂教学的秩序和效益，协调课堂中的人与事、时间与空间等各种因素及其关系的过程。因此，课堂管理不是简单地以课堂纪律规范学生的行为，而应该是对课堂教学活动过程、对教与学的行为进行有效的组织、协调和控制。通过科学地、机智地对课堂上各种行为和关系的合理调控，才能营造平等、和谐、严肃、活泼的学习氛围，才能激发学生主动学习的热情和潜能，真正实现有效教学、高效教学，才能引领学生逐步形成良好的学习品质，在学习中学会学习。

1. 课堂管理的本质

（1）课堂管理是一种教学交往活动

课堂管理是一个交往行为，在教师与学生这两个主体间进行。教师针对课堂的现状进行管理，学生在成为被管理者的同时也是管理者，除了针对管理行为作出自身的反应，反馈给教师并让教师及时对管理行为的有效性作出判断并予以调整以外，还要进行自我管理，以保证教学的顺利进行。课堂管理是一种教学行为，它是在教学中进行的，并贯穿于教学活动的始终，最终的目的是使教学有效顺利地进行。所以说，课堂管理是一种教学交往活动。

（2）课堂管理是对课堂环境基本构成要素进行的协调和控制

课堂是在特定时空条件下，具有不同特征的教师和学生以一定的课程为中介相互作用而形成的特殊人际心理环境。作为一种特殊人际心理环境，课堂是由教师、学生和课程三个相互关联的最基本的要素构成的。教师和学生是构成课堂这一特殊人际心理环境的人的因素，课程是文化因素。构成课堂人际心理环境的三个基本要素由于各自的特征不同，因而存在彼此协调和相互配合的问题。因此，课堂管理的实质是对课堂基本要素进行的协调和控制，目的是使课堂教学营造和谐而融洽的人际心理环境，主要表现为对正当课堂行为的维持和强化，以及对不当或违规课堂行为的矫正。

2. 小学课堂管理的概念

小学课堂管理是指在小学课堂教学过程中所进行的管理，即小学教师以课堂教学的全过程为对象、以小学生自身的特点为前提、以提高教学成效为目的，建立和维持班级团体，提供能够挖掘小学生潜能和促进小学生学习进步的良好的课堂生活，以使其发挥最大效能的一连串行为和活动。小学课堂管理具有以下特点：

（1）管理对象的特殊性

小学生正处于身心发展的阶段，机体的能量代谢大，好动，自制力不强，注意力的集中时间有限，一般在 10 ~ 25 分钟内，年龄越小集中的时间越短。因此，对小学教师而言，课堂教学管理具有较大的难度。学生要学到知识，就必须集中精力。因此，在课堂教学中，教师必须审时度势，"张""弛"有度，以有趣的开场白等来集中学生的注意力。另外，针对学生自制力不强的问题，教师要制定出完善的课堂规范。

（2）师生关系的特殊性

①小学生的向师性很强。小学生十分依赖、相信教师，具有很强的向师性。总认为老师说的就是对的，老师的话甚至比父母说的还管用。因此，小学教师应做到以身作则、为人师表，对小学生起到明显的表率作用。以身作则、为人师表同时也是小学教师职业道德的一个重要特征。小学教师职业的特殊性在于育人，不仅用自己的学识去教人，更重要的是用自己的高尚品德去育人。在教育过程中，小学教师的人格本身就是一种教育因素，直接影响小学生的人格，对小学生良好思想品德的形成有着潜移默化的作用。因此，小学教师必须在思想品德、学识才能、语言习惯、生活方式和举止风度等各方面成

为小学生的表率。具体地说，新型的小学师生关系要求小学教师必须具有高尚的道德情操和崇高的精神境界，树立优良的教风和具有文明礼貌的风度。

②小学师生关系对学生发展的影响大。教师对学生的喜、怒、哀、乐，期待与信任，无时无刻不对学生的身心发展、学习进步、人格形成产生重大影响。对于小学教师来说，善于控制自己的情感、行为，能够抑制无益的情绪和冲动，这既是职业道德修养必不可缺的心理品质，也是衡量小学师生关系好坏的尺度。

（二）小学课堂管理的原则

1. 价值观群化原则

人的个体行为受其价值观的左右，而人的群体行为则取决于群体价值观，价值观是组织文化的核心。群体价值观能够使学生的个人目标和集体目标结合起来，从而激发学生的内在积极性。价值观在很大程度上会决定学生的理想和目标，不同价值观导致不同的目标和追求。群体价值观使得全体学生具有共同的目标，并促使他们把集体目标的实现作为个人自觉努力的内在动力。群体价值观形成一种文化氛围，对人产生内在的规范性约束。课堂的群体价值观构成课堂的心理氛围和文化氛围，随时随地影响着学生能动性的发挥。只有形成了群体的共同价值观，全体学生才能对课堂产生一致的认同感，进而形成牢固的凝聚力。

2. 动态生成原则

动态生成是指在师生交往互动的课堂管理中，教师以即时出现的有价值、有创见的情境或观点为契机，善于调整或改变预先的活动设计，挖掘学生的潜能，引发学生深入思考，充分展现学生的个性，从而达成或拓展课堂目标，使课堂活动获得成功。由于课堂受社会因素、自然环境因素、学校因素、家庭因素、教师、学生、教学手段、教学内容等的影响，而这些影响因素又处在不断变化之中，使得课堂发展呈现出一定程度的不确定性。因此，课堂管理必须坚持动态生成的原则，以变化的眼光来看待课堂问题，以发展的视角进行课堂管理。

3. 主体性原则

学生是有着主观意志的主体，应该享有一定的自主选择和自我发展的权利。自主选择体现了对对方主体性的尊重，这也是师生互动在精神层面上的更高准则。每个人都有自己的理想、信念和做人的准则。因此，在社会共同的基本价值观的大前提下，应该为每个人留有余地，给予对方自由选择的权利。教师尊重学生自由选择的权利，就包含着对学生的信任和热切期待，学生就会向着这种期待去努力。主体性原则就是在充分发挥教师的主导作用的前提下，引导学生主动参与课堂管理，学会根据环境要求自主选择目标、自我调控、自我发展，最终健康、积极地适应环境。它要求教师善于创设适宜的课堂情境，给学生以主动选择的空间，以使他们的主体性能得到发挥，学会选择、学会负责。

4. 活动性原则

活动是人的存在和发展的基础，小学生的发展不是外在强加的，而是学生借助于他们所参与的活动而主观构建的。活动是保证儿童身体健康发育的重要条件，六七岁至十一二岁的小学儿童处于生长发育的重要时期，通过开展各种活动，使儿童自发地运用各种肢体动作，促使儿童健康成长。另外，活动是促进小学儿童基本心理机能发展的必要条件。小学阶段的儿童，在认知、情感、社会化水平等心理机能上都处于较低的水平，也是处于不断向前发展的比较关键时期。活动性原则要求课堂管理以活动为主要载体，通过组织和引导学生主动参与活动，来提升学生主体意识和能力，促进学生全面和谐发展。

（三）课堂管理的功能

课堂管理虽不是课堂教学本身，但它与课堂教学紧密结合在一起，对教学活动的效果有着十分显著的影响。具体来说，课堂管理在教学活动中具有下述三方面的功能。

1. 助长功能

课堂管理的助长功能是指良好的课堂管理可以最大限度地满足课堂内个人和集体的合理需要，形成积极良好的课堂学习环境，激励学生的参与精神，激发学生潜能的释放，从而达到教学目标，圆满地完成教学任务。课堂管理的助长功能对教学活动有积极的促进作用，它是教师教学及管理艺术高水平发挥的结果。

2. 维持功能

课堂管理的维持功能指教师通过一定的管理手段，较持久地维持课堂教学的基本秩序，形成比较稳定的教学环境，经过师生的共同努力完成教学任务，实现教学目标。在课堂教学过程中，由于经常会出现各种新的问题，发生各种偶发性干扰事件，因此，及时预见并排除各种干扰课堂教学活动的不利因素，有效维持正常教学秩序，对于教学活动的顺利进行也具有重要意义。

3. 致弱功能

课堂管理的致弱功能是指不良的管理方式可以激化课堂教学中的冲突和矛盾，破坏正常的教学秩序，从而给教学活动造成消极影响，妨碍教学任务的顺利完成。由于以上几种功能对教学活动有着不同的影响，因而教师在课堂管理过程中要尽量避免管理不当引起的负面影响，在正常维持教学秩序的基础上最大限度地发挥课堂管理的助长功能，使课堂管理在提高教学质量方面发挥其应有的作用。

二、小学课堂问题的处理

（一）课堂问题产生的原因

课堂管理对教师来说主要是在学生出现问题行为，尤其是那些影响教学活动正常进行的问题行为时，能采取有效的干预措施，并且能够未雨绸缪，减少课堂问题行为的发生。有多项研究表明，在课堂教学中，教师用于教学的时间大约仅占一半，另一半时间用在课堂管理上，而后者中大部分时间又是因处理纪律问题消耗的。可想而知，学生在课堂上真正用在学习任务上的时间其实并不多。

1. 学校方面的原因

（1）学校管理观念的原因

课堂问题行为是发生在课堂里的，看似与学校没有多大关系，但学校对课堂的管理是学校管理的缩影和反应，其管理思想和管理行为与学校的管理有很大的关系。

（2）学校教学制度的原因

学校的教学计划和教学管理上也可能存在一些问题，表现为班级人数过多、不利于个别辅导、缺乏现代化教学设备和教学手段、课程安排不合理、教师教学任务重等。现代化辅助教学设备与教学手段已配备但未得到充分利用，教师对于教育技术的运用还需要进行系统的培训。

2. 教师方面的原因

（1）教师教育观念的原因

教师的教育观念问题主要是受传统的应试教育的影响，主要表现在对学习成绩好和差的学生不能一视同仁、片面追求高分、忽略学生能力的培养。这些使教师在教学过程中片面强调学生的学习成绩，一切教学活动均以提高学生学习成绩为中心，而忽视了学生的创造力、学习动机、学习兴趣、创新精神以及学生身心健康的培养等问题。

（2）学校教学制度的原因

有些教师往往把教学工作例行公事化，很少考虑学生在怎样的课堂上才能坐得住的问题，也很少去分析学生因年龄问题、能力差异、性别因素、社会经济背景甚至文化差异导致的行为差异对自己的诉求，反倒假设学生在课堂上知道什么时候该做什么和怎么做，要学生配合的事情，学生作为从属作出回应。学生在课堂上因为没有归属感、没有得到满足就容易发生问题。

（3）教师教学设计的原因

教学实践表明，有无好的课堂管理，关键看有无好的管理设计。课堂管理的第一步是具体设计课堂教学活动。在开展教学活动前，教师首先要确定教学活动的目标，选择实现目标的方法步骤、分配教学时间、分析教学环境条件、预估教学效果等。这些教学设计工作如果做得好，准备充分，那么教师在课堂中就可以地按计划组织、推进教学，避免一些因准备、设计不足而造成的课堂失误，保证教学活动在高质量设计方案的基础上高效运行，从而达到预期目的。如果教师事先没能很好地了解学生的学习状况，教学目标设计不当，对学生要求过高过严或过低过松，都可能影响学生的课堂努力程度，并可能产生课堂问题行为。

3. 学生身心因素

（1）生理障碍与心理缺失的原因

大部分课堂问题是由学生本身的因素引起的。如有视、听、说等方面障碍的学生或者患有"多动症"的学生，在课堂上免不了会出现一些问题行为。另外，小学生由于发育期的紧张、疲劳、营养不良等也会引起问题行为。

（2）学生个性倾向性的原因

这其实是一个人发展差异性的问题。年龄小的孩子更容易出现课堂问题行为。随着年龄的增长，学生的独立性也在增长，他们有时喜欢测试一下教师的限度和自身的限度，看看教师、同学有什么反应。外向型的孩子感觉不到刺激，会表现出一些易见的影响课堂的方式，而内向型的孩子同样会以自己独特的方式影响着课堂。

（3）学生自制力的原因

学生在一节课中耐久力是有限的，而且年龄越小，耐久力就越差。教师分配和解释任务时，学生之所以容易出现不良行为，是因为总有一些学生不那么热衷去完成分配的任务，学生感到厌烦，因而寻求刺激，以示不满。

4. 环境因素

（1）家庭方面的原因

小学生由于阅历浅，其价值观、人生观往往与社会的准则不一致，这常常会引发直接的冲突。

（2）社会方面的原因

当今社会，大众媒体非常发达，这意味着孩子们很容易接触庸俗的、商业性的、低级趣味的内容。学生容易受到这些内容的影响，这对于孩子的成长是不利的，也给学生的教育增加了难受。

（3）课堂环境方面的原因

课堂环境包括物质环境和心理环境。物质环境包括教室的形状、大小和布置，座位的摆设，设备和资料的有无和放置等。心理环境有时被称为课堂气氛，主要指课堂的感情基调，学生对教师、学习任务和其他同学的感受。比较拥挤的教室容易令人烦躁，降低注意力。就从常见的教室座位安排来说，坐在教室中间的或前面的学生较常与教师有互动，而坐得较远的同学问题行为也随之增加。

（二）小学课堂问题的处理依据和方法

在课堂教学中，教师普遍感受到为难的一个问题是如何管理课堂。课堂管理不是把学生的行为控制起来，而是教师为创造有益于学习的课堂环境所作出的决策和所采取的行动。课堂管理技能足以决定教学的成败，一个缺乏课堂教学管理技能的教师，显然不会在教学上取得像样的成就。

1. 小学课堂问题处理的依据

（1）问题的影响范围

教师在应对课堂问题行为时必须确定干预会在多大程度上妨碍教学活动来决定是否中断课程教学的进程。也就是说，处理问题行为时产生的负面影响不应该比要去处理的问题本身负面影响大，否则学生实际用于学习的时间会因不恰当的干预而大量丧失，不利于课堂教学任务的完成。

（2）问题的影响程度

教师应该根据问题行为的性质和严重性来决定是否干预。因为违规行为不同，问题行为的影响程度也就不同，教师的反应也应有所不同。对于转瞬即逝并且没有扰乱课堂的问题行为可以忽略不计；当学生本来就知道他们应该做什么，而捣乱的性质十分明显时，教师用没有干扰的技巧让他们的注意力回归课堂就行；当问题行为十分严重或者扰乱性较大，教师当时很难弄清事情的原因时，可以先制止，事后再了解情况。

（3）问题涉及的学生

教师实施相同的手段对所有的学生并非有相同的效果，最好应制定多样化的干预措施。也就是说，处理的方式方法要适应学生的个性特点，正如学生需要个性化的学习计划以满足他们不同的学习需求一样，教师对他们应有不同的对待方法，教师对是否有学习意愿的同学以及对是否有自控能力的同学的处理方法应该有所不同。

（4）问题发生的时间

对于课堂违规行为处理与否，要考虑此种行为发生的时间，即要考虑到问题行为的背景及其对学习的影响。如一开始上课和临近下课的几分钟，或是课堂中两个活动的过渡时期，由于学生的注意力不易转移的原因，教师言语提醒但在课程主要活动进行时，一旦有问题行为则必须干预。

2. 小学课堂问题行为的处理方法

课堂的问题有很多，但并不是所有的问题都要当时在课堂上进行处理。应忽略小而且转瞬即逝的问题行为。教师要根据课堂问题的严重程度、影响范围、学生的实际状况来决定是否要在课堂上处理。一般来讲，许多小小的课堂违纪行为，尤其是转瞬即逝的违纪行为，教师可以不加干预。

（1）言语提醒

课堂上学生出现违纪现象，教师理应当机立断地处理。教师可以做一个细小的停顿，采用旁敲侧击的方式，使对方知道他的行为已被老师注视而且应立即纠正。

①情态语言提醒。当学生做出违纪的行为且无法忽略时，教师可运用简单的眼神注视、摇头、脸部表情、走近、接触、打手势等非语言线索来使其终止，无须中断课堂加以干预。对绝大多数学生来说，干扰只是瞬间的一种失控表现，并不是有预谋的行为。教师应慎重地考虑学生的情感和自尊心，通过微妙的方式把信息传递过去。这样，师生情感容易沟通，且见效快。

②言语提醒或提问。如果情态语言或暗示不能奏效时，教师可以用正面的言语来提醒该学生回到学习活动上来。当然也可用提问的方式，即通过向没有认真听课的学生提问使他们的注意力回到课堂中来。

（2）反复暗示

对于课堂上有一些问题行为，有的学生故意不按教师的要求去做，或者向教师辩解、找借口等，想以此来试探教师的决心与忍耐力。教师应明确要求学生应该做什么，坚定重复地要求学生去做应该做的事。这样既可避免教师控制不住自己的情绪对学生大发脾气，也可以避免学生放任自流。

①目光暗示。当学生出现注意力涣散、做小动作、交头接耳等情况时，为避免影响课程的进行，教师可继续上课，还可以始终注视有不恰当行为的学生，或站在这个学生旁边，用眼睛盯着这个学生，直到他停止行为为止。

②旁敲侧击。课堂上，当学生出现做小动作、说话、喧闹等违纪现象时，教师要机智地进行处理。如果教师已讲授完毕，可以让学生自己看书或者做练习，也可以看学生一眼，朝他点一点头，轻轻地敲一下他的书桌，或站在他身旁，或叫他和同桌回答问题等，从而达到有效的课堂教学管理。

③距离暗示。调整和学生之间的距离也会影响学生课堂的行为，使学生保持注意力。因此，教师可通过调整与学生间的距离来保持课堂纪律。如走近行为不良学生的身边，让他注意到你的出现，从而重新投入课堂学习中去。

（3）表扬与罚劣

教师应坚持积极鼓励引导、恰当使用惩罚的教育原则。心理学研究表明，在课堂管理中，奖励的矫治作用远远大于惩罚，教师通过鼓励理想行为去纠正克服不良行为的效果要比对不良行为实施过度的惩罚好。因为奖励有助于加强行为，增强行为发生的可能性，并逐渐巩固起来成为良好的习惯，而惩罚则只能减弱行为，缺乏积极的正面引导作用，容易造成学生的恐惧心理，影响师生间的融洽交往。

①表扬。表扬是一种强有力的激励。教师对学生赞美期望的行为比正面干预的效果要好得多。表扬以精神奖励为主，如口头表扬、增加操行分等。表扬有两种方式：一是表扬与问题行为相反的正确行为。即教师可以反其道行之，从表扬学生的正确行为入手，来减少课堂问题行为的发生。二是表扬其他学生，表扬其他学生的良好行为可以使违纪学生表现出类似的行为，也就是要求老师不要直接去干预学生的违纪行为。如当某个学生出现违纪行为时，教师可以表扬另外一个同学能在课堂上认真听课或是注意力集中，从而使该学生停止违纪行为。

②罚劣。罚劣应当努力将惩罚变为一种学生愉快的自我教育。

第二章 小学课堂教学实施

第一节　教学实施环节

一、备课的实施要求

备课是教师教学工作的重要环节之一，具体可包括钻研教材、了解学生、制订教学进度计划。

（一）钻研教材

1. 研读课程标准（教学大纲）

课程标准（教学大纲）是教材编写、教学、评估和考试命题的依据，也是教师备课的指导文件。我国基础教育课程标准提出的课程理念和目标对义务教育阶段的课程与教学具有指导作用，所规定的课程目标和内容标准是每一个学生在该阶段应当达到的基本要求。研读课程标准（教学大纲），就是要明确本学科的教学目的，了解本学科的教材体系和基本内容，明确本学科在能力培养、思想教育和教学法上的基本要求。教师要使自己的教学有方向、有目标、有效益，就必须认真研读课程标准（教学大纲），否则，教学将失去方向，更谈不上效益。

2. 钻研教科书

教科书是教师备课和上课的主要依据。教师备课必须通读全书，熟练地掌握教科书的全部内容，了解全书的知识结构体系，分清重点章节和各章节基本知识的重点、难点、关键点，将基本知识、基本技能进行初步排队；然后，在准备上每一节课时，再确定每段教材内容在整个学科知识体系的地位、在能力培养和思想教育方面的要求，对每一节课要讲的内容、实验和习题按教学要求作具体安排。

研读教材的策略：

①读、想、画、问、写结合。教师研读教材不可以简单地泛泛而读，应边读边想边记，把读、想、画、问等结合起来。

②深究课题，抓住关键字词句。在研究教材中，为了较快地把握教材的中心和实质，以及分析教材的重点、难点和突出点，可以采取深究课题和抓教材中的关键字、词、句的方法。

③钻研揭示语和旁注。教材中常有指导思路方法的揭示语和指明关键的旁注，它既是帮助教师正确使用教材、突出重点、发散难点的教法指导，又是启发学生分析思考掌握知识要领的学法指导。

④领会揣摩插图。各个学科都有多种插图，为什么要设置插图？作用是什么？教师在备课中应用心领会揣摩插图的作用。教材中的图，一般有主题图、产物图、示意图、表格图、线段图、几何图形等，这些图不仅便于配合学科的特点进行思想教育，而且便于抽象的基础知识、基本原理"外化""物化"，从而帮助学生高效感知，建立表象，培养形象记忆，促使形象思维与抽象思维互助互补，和谐发展。

⑤钻研习题。习题中有些属于基本训练方面的，比如数学题在教材中的地位仅次于例题，它能配合例题将知识转化为能力。在钻研教材时，对习题的作用及难易要做到心中有数，特别是要弄清楚它与例题相匹配的基本题、变化题、发展提高题三个层次的分布情况。

3. 阅读教学参考书

课本是重要的资源，但不是唯一的资源，因此教师在备课时要走出书本，走进资源丰富的现代课程。教学参考资料并不仅限于那些由市面提供的、已经组织好的专用教学参考资料，而是应当包括课程标准（教学大纲）推荐的参考资料以及自己平时积累的参考资料。这意味着教师的备课不仅仅是一种课前的应急行为，而应当是一种长期、日积月累的职业化行为，教师在自己平日的学习和阅读中，应当积累自己的所感所思，随时将阅读所得增补到自己的教学笔记中，丰富自己个性化的教学参考资料库，把自己由书本传授者转变为课程资源的综合开发者、利用者，更加丰富学生的学习内容和生活，这样才能保证课堂教学更加得心应手。课程资源的开发主要有以下途径：①教学参考书的学习利用。先钻研教材，后看参考书；参考书贵在参考，发挥参考作用，不受束缚，要有选择；把参考书作为开拓思路的工具；多看几家，取众家之长、补己之短。②报刊资源的学习利用。③优秀教师的先进教学经验学习。④社会和自然知识的学习利用。⑤读好"生活"这本书。

（二）了解学生

课堂上教师讲什么很重要，但更重要的是学生想的是什么，因此教师要上好课，既要钻研教材，又必须了解学生，做到目中有人。如果说钻研教材是指向教师所要传授的知识的话，那么，了解学生则是指向教学对象的。教师的备课不仅要面向知识本身，而且要面向学生，这是由教学任务的性质和教学过程的特定关系决定的。教师只有认真地了解学生，才能有效地将教学内容和学生的实际联系起来，才能真正做到因材施教，从而达到良好的教学效果。了解学生包括了解学生既有的知识技能，他们的兴趣、需求与思想动态，以及其学习方法和学习习惯等。具体来说，教师可从如下几方面去了解学生：

①了解学生的知识基础，主要是学生原有知识基础和生活背景；

②了解学生的能力基础，包括不同能力水平学生的差异，以确定课程可能对学生学习产生的困难和障碍；

③了解学生的学习方法和学习习惯，班级的学风、班风，以及学生对教学方法的期望和建议；

④了解学生的兴趣、爱好和价值观，尤其是学生对本学科的兴趣。

了解学生的途径可以通过以下方式：①观察；②课堂提问；③批改作业；④考试与辅导；⑤座谈调查；⑥测试分析。

（三）考虑教法

考虑教法主要是解决教师如何把已经掌握的教材传授给学生。它包括如何组织教材，如何确定课的类型，如何安排每一节课的活动，如何运用各种方法开展教学活动。此外，也要考虑学生的学法，包括预习、课堂学习活动与课外作业等。

（四）制订教学进度计划

制订教学进度计划是在钻研教材和了解学生的基础上进行的，是备课活动的最终环节。备课质量的高低最终是通过教学进度计划安排得合理与否表现出来的。制订教学进度计划具体又可分为制订学期教学计划、单元教学计划和课时教学计划三类。

1. 学期教学计划

学期教学进度计划应该在学期或学年开始前制订出来，内容包括：学生情况的简要分析，本学年或本学期教学的要求，课程标准（教学大纲）、教科书的章节或课题，各个课题的教学时数和时间的具体安排，各个章节或课题所需要的主要直观教具等。

2. 单元教学计划

单元教学计划也称为"课题计划"。制订学年或学期教学进度计划后，在上课前，教师还要对课程标准上的一章、一个较大的题目或教科书上的一课进行全盘考虑，制订出单元计划。单元计划的内容包括：单元名称，本单元的教学目标，本单元的计划以及各个课时的主要问题，本单元各课时上课类型和教学方法，本单元的必要教具等。

3. 课时教学计划

课时教学计划也称为"教案"，是对每一堂课具体深入的教学准备，是教师为顺利而有效地开展教学活动，根据课程标准和教科书要求及学生的实际情况，以课时为单位，对教学内容、教学步骤、教学方法等进行的具体设计和安排的一种实用性教学文书。

课时计划往往是在写课题计划时一同编写的。写课时计划，一般按以下步骤进行：进一步研究教材，确定教学重点和要注意的难点；确定本课时的教学目标；考虑进行的步骤，确定课的结构，分配教学进程中各个步骤的时间；考虑教学方法的运用、教具的准备和使用方法及板书设计；最后写出课时计划。

关于备课方式有教师个体备课和教师集体备课两种。但这两种备课方式并不相互冲突；相反，在教学实践中它们常常是可以有效结合在一起的。

教师个体备课有利于强化每个教师的备课体验和加大备课深度；教师集体备课则是同伴互助的一种形式，能够集教师集体之力量，进一步拓展备课的广度和深度。集体备课也是促进教师专业成长最便捷、最现实的途径之一。

此外，上课前，教师还应要求学生为上课作一定的准备。它包括：复习有关知识，收集有关素材，阅读指定的参考书，对教材进行预习。特别是预习，对于改进教学、提高学习质量具有重要意义。它可以使学生发现疑难问题，带着问题听课，更加积极地思考问题和更自觉地掌握知识；可以使学生提出较多的问题，在课堂上有准备地发表自己的见解，使学生主动地进行学习；还可以帮助教师了解学生的知识水平和学习要求，了解他们的个别差异以及每个学生的长处与短处，便于因材施教。

二、上课的实施要求

上课是整个教学工作的中心环节。课上得好不好，直接关系到教学质量。前述的所有备课活动都是为上课而组织的，上好课是提高教学质量的关键。教师要上好课，就应当了解课的类型与结构，明确一堂好课的基本要求。

（一）班级教学中课的类型与结构

1. 课的类型

课的类型即课的分类，一般有两种划分方式：

一种是根据教学的任务来划分，可以分为传授新知识课（新授课）、巩固知识课（巩固课）、培养技能技巧课（技能课）、检查知识课（检查课）。在实际的教学工作中，有时一节课只完成一个任务，有时一节课则需完成多项任务。所以，根据一节课所完成任务的数量，又可分为单一课和综合课。单一课就是完成单一教学任务的课；综合课指的是一堂课内同时完成两种或两种以上主要教学任务的课，在小学中低年级中比较常用。

另一种是根据使用的主要教学方法来划分，可以分为讲授课、演示课（演示实验或放映幻灯、录像）、练习课、实验课、复习课。

上述两种分类也有联系，具体表现在两类课型有相对应之处。例如新授课多属于讲授课，巩固课多属于复习课，技能课多属于练习课或实验课等。

2. 课的结构

课的结构是指一节课包含哪些组成部分以及各组成部分的顺序、时限和相互关系。受学科特点、教材内容、教学方法和教学对象等因素制约，不同类型的课有不同的结构。了解课的结构有助于掌握每一种课的性质与操作过程，以便发挥各种课在教学中的作用。一般来说，课的基本结构包括以下几方面。

（1）组织教学

组织教学是保证课内师生活动正常进行的基本条件。组织教学的目的是使学生对上课做好心理上和物质上的准备，吸引学生的注意并创设一种有利的课堂情境或气氛。组织教学应贯穿于一堂课的始终。

（2）检查复习

检查复习的目的在于复习已经学过的教学内容，了解学生对已学知识掌握的情况，以便导入新课或加强知识之间的联系。检查复习的方式可以是口头的，也可以是书面的或实践性的，主要应视教学内容、教学需要以及时间而定。在检查复习时，一般应指出学生在学习过程中出现的错误并作简要的纠正，从而使检查复习真正起到"诊断""纠正"或"强化"的作用。

（3）学习新教材

这一部分通常是大部分课的主要成分，旨在使学生理解、掌握新的知识和技能。教师向学生呈现新教材并引导学生学习的方法、手段是多种多样的，选用何种方法、手段，主要应视教材的性质、课的任务和学生的特点而定。在引导学生学习新教材时，教师的关键作用在于组织合理的学习活动，调动学生的学习积极性，引导学生的思路并启发他们的思维，使学生处于积极的智力活动状态之中。

（4）巩固新教材

巩固新教材的目的在于使学生对所学教材当堂理解、当堂消化、初步巩固，并使学生通过初步练习为完成课外作业做好准备。巩固新教材的方式方法多种多样，既可以让学生复述刚学过的教材中的基本概念和原理，也可以让学生做课堂练习；既可以让学生运用实例、教具说明刚学过的概念和原理，也可以由教师做小结展示正确结论。

（5）布置课外作业

布置课外作业的目的是使学生进一步巩固所学的知识和技能，培养学生运用所学知识、技能独立分析问题和解决问题的能力，并使技能达到熟练。教师在布置课外作业时，应指定作业的具体内容和范围，提出作业要达到的要求，规定作业完成的时间，并对难度较大的作业作必要的提示或示范。对于作业的完成情况和作业质量，教师应按规定进行检查或抽查，以便培养学生按时完成作业的习惯和认真负责的学习态度。对学生课外作业的检查和了解，往往是教师确定辅导内容、调整教学工作进程的依据。

实际上，任何一种课的结构，在实际运用中都会根据具体情况而有所变化。因此，我们对教学实践中具体的课的结构的理解和设计，也应根据具体情况灵活掌握，创造性地运用，切不可生搬硬套，公式化、简单化。

3. 课堂结构的改革与发展

组织教学、检查复习、讲授新教材、巩固新教材、布置课外作业是现代课堂教学的基本结构，但是教师不能因为遵循这一结构而使课堂僵化，要打破凝固的课堂结构，注重对课堂结构的改革与发展。在改革课堂结构的过程中，应注意以下几个方面：①注重学生的自主学习；②关注教学目标的多元化；③注重建立对话式的教学关系。

（二）上课的具体要求

事实上，上课就是通过教师对课堂教学活动本身的导入、课中和结束过程的不断调整和控制，顺利实施教学设计方案，以达到预定教学目标。

导入是一堂课、一个新单元或一个新段落的开端，主要起着集中注意、稳定情绪和进入教学情境的作用。导入一般不宜占用过长时间，时间过长则会影响整个的教学进程。实践经验表明，一般以 2 ~ 3 分钟较为适宜。导入的类型有很多，课堂教学中常用的导入方法有直接导入、联想导入、实验导入、设疑导入、事例导入、故事导入、悬念导入等。

课中是实施教学活动的主体部分，是指从导入新课到结束前的这个时间段。一堂课的教学效果最终如何，取决于课中是否实施了合适的教学策略。根据国内学者的研究，课中主要有以下几种教学策略。

1. 先行组织策略

上课开始，教师提出一种对新旧知识起连接作用的陈述，被称为"先行组织"，以帮助学生顺利接受学习材料。先行组织把学习材料和学生的认知结构联系起来，这种作用犹如认识路线，指导学生学习新内容的全过程。先行组织的设计不是针对教授内容本身，而是教授内容之间的联系，起着教学定向的作用。先行组织策略的实施步骤是准备材料，设计学习过程，呈现预备性材料或新材料，从中抽象出新信息，运用活动强化。

2. 问题教学策略

教师在教学中提出问题是一项基本的教学策略。不少研究发现，当前90%以上的课堂提问是要求学生回答教科书中的相关内容。可见，实施这一策略的要义是提出"有效的问题"。编制有效的问题，可从下列几方面考虑：提出"假设"的问题，要求学生对一个假设的事物加以思考；提出"比较"的问题，对资料、观点、答案就其特征或关系比较异同；提出"可能"的问题，要求学生利用联想推测事物的可能发展；提出"整合"的问题，提供给学生多种资料、观点、原理，让学生演绎出新的观点；提出"类推"的问题，由已知原理、观点推出未知的原理、观点。

3. 发散、集中教学策略

学生针对问题发表自己的看法，学生间进行"脑力震荡"，然后，教师、学生进行比较、优选，集中到最佳答案上来。运用该策略要找准发散点，给学生以充足时间进行发散与集中思考。

4. 反思教学策略

指在教学过程中教师、学生以逆向思维的方式检讨教学、学习活动。逆向思维具有逆向性、批判性和新奇性等特点。逆向性指从对立的角度、反方向的动态过程中思考问题；批判性指克服思维定式，排除实验、习惯及逻辑常规的干扰，向传统提出挑战与批判；新奇性指逆向思维能在人们不经意的地方独辟蹊径，得出新奇结果。逆向思维的这些特点有助于师生共同反思教学中存在的问题，提出改进的方法和策略。

5. 练习策略

练习是课堂教学的重要环节。教师可结合课堂教学过程的提问随机穿插进行口头或书面、黑板上或本子里、个别或集体等多种形式练习，从而达到启迪、反馈、巩固、迁移的目的。有效使用练习策略要注意以下几点：①根据练习的目的与功能选择练习的时机与形式。②教会学生练习。练习中教师要注意对学生进行指导，教给他们各种练习的方法，使其学会练习。③适量适度，循序渐进。

此外，还有精讲精练策略、自主发展策略、学习指导策略、教书育人策略、因材施教策略、促进自我发展策略、自主学习策略和主题探索策略等。

结束是课堂教学的最后一个部分，其实施的主要目的是完成课堂教学的"有序解散"。为此，教师需要课前做精心准备，同时在课堂上还要恰当地运用一些结束的方法或策略。常用的这类方法、策略主要有以下几种。

①系统归纳。课临到结束时，教师让学生对所学内容作归纳总结，及时强化重点，明确关键，以达到画龙点睛的效果。

②比较异同。将新学概念与原有概念，或者将并列、对立、近似的概念放在一起对比分析，找出异同，这有利于理解新概念，巩固旧概念。

③巧作铺垫。在结束一节课时需要为后面的课巧设伏笔，引起学生的注意和思考。

④巩固练习。在结束部分恰当地安排学生的实践活动，巩固知识点。

⑤曲终奏雅。课结束时教师可用诗画、音乐结尾，或最后将讲课推向高潮时再戛然而止，给学生留下想象、回味思索的余地。

当然，课的结束方法远不止以上几种，只要教师平时注意积累和探索，就会找到适合自己教学的好的结束方法和策略。

（三）一堂好课的标准

上课是完成教学任务的主要途径，是教师教学工作的中心环节，上课的效果直接决定着整个教学质量，因此，教师必须搞好课堂教学。一堂好课有哪些要求呢？

一般地说，要上好课，除必须遵循教学规律、贯彻教学原则外，还应该达到下列基本要求。

1. 目的明确

教学目的是一节课的灵魂，是上课的出发点和归宿。是否实现了预定的教学目的，是衡量一堂课成败的主要指标。目的明确主要包含三层意思：一是教学目的要明确、全面、具体，符合教师和学生的实际，应兼顾掌握知识技能、发展智能和培养思想品质。二是师生双方对一节课的教学目的都应当明确，这有利于师生相互配合，使教和学共同指向教学目的。三是指课堂上的一切活动都要围绕教学目的进行，以提高教学效率，保证教学任务的顺利完成。

2. 内容正确

教师在课堂上所讲述的内容，必须具有严密的科学性和高度的思想性。讲授内容的组织和呈现，既要条理清晰、层次分明，又要做到重点、难点和关键突出；既要注意新旧知识的联系，又要适当补充新的内容。同时，还要深入挖掘教材内在的思想性，激起学生思想上的共鸣，促进学生的全面发展。

3. 方法恰当

方法是实现目的的手段，教师所选用的方法应符合教学任务、教学内容和学生的特点等。同时，在课堂教学过程中，要使各种方法有机结合，并善于根据教学进展的情况机智灵活地加以调整和变化。此外，教师还应当恰当地选择和使用各种教具及现代化教学手段，以增强教学效果。

4. 结构紧凑

课堂教学要有严密的计划性和组织性。教师应巧妙地安排课的结构，既要有良好的开端，又要有和谐、流畅的过程和完善的结尾；讲述、练习、演示、板书等环节要井然有序、环环相扣、过渡自然，并随着教学内容的需要有高潮起伏，富有节奏感；要科学地分配时间，按时进行教学计划的各个步骤，完成各项任务指标，不出现空堂和拖堂现象。此外，教师还应注意组织好教学，机智地处理偶发事件，使课堂教学始终有良好的纪律和秩序。

5. 留有思考空间

教师要善于激发学生的求知欲望，让学生去询问、去发现、去欣赏。让学生去询问，询问"是什么"，询问"为什么"，询问"还有什么"；让学生去发现，发现问题，发现真理，发现自己（能力和才华）；让学生去欣赏，欣赏知识的奥秘，欣赏知识的奇妙，欣赏知识的美妙。在教学中，哪怕是一首小诗、一个故事、一个构思甚至一个细节，我们都要去询问、去发现、去欣赏。课堂上如果教师滔滔不绝，学生针插不进，学生就没有时间与空间去思考提问，也就没有遐想与深思，更没有个性与创新，为学生留有思考空间就是留下期待、留下韵味、留下创新。

6. 教学基本功扎实

教师的教学基本功扎实、全面，是上好课的重要条件，主要包括讲、写、作、画、演五个方面。"讲"是讲话，就是要熟练地运用教学语言、有效地表达教学内容、控制整个教学过程和课堂气氛。"写"是指板书，即熟练地掌握板书技巧，遵循教学板书的基本要求，有效地配合讲授等活动。"作"是指教态，要求朴实大方、自然优美，能促进教学内容的表达。"画"是指能够准确、恰当地画出教学所需的图表、图形等。"演"

是指能够正确运用各种教学手段,如语言文字、教具等进行演示,要求准确、规范、清晰。

7. 师生双方积极性高

教学是师生双方共同进行的双边活动,其效果取决于教师与学生双方的积极性水平。因此,上课时,教师一方面要充分发挥自己的主导作用,按照计划积极实施、调控教学过程;另一方面,要创设民主合作、轻松和谐的课堂气氛,引导学生主动参与教学进程中的各项活动,动口、动手、动脑,对学生始终保持浓厚的兴趣,做到师生关系融洽、配合默契、思维共振、感情共鸣。

8. 教学效果好

达到教学目标,学生真正做到学有所获,得到发展。

三、作业的布置、检查与批改的实施要求

作业是结合教学内容要求学生独立完成的各种类型的练习。无论是课内作业还是课外作业,其作用都在于加深和加强学生对教材的理解和巩固,进一步掌握相关知识的技能、技巧。通过作业的布置、检查和批改,教师可以及时发现学生在知识或技能方面的缺陷并加以纠正,同时对学生的作业完成情况作出评价,并针对其进一步学习提出建议。教师要注意培养学生的独立学习能力和学习习惯。

(一)教师布置作业时,应遵循下列要求

①作业应有明确的目的。作业的布置应体现课堂教学要达到的教学目标,学生通过作业能进一步巩固知识,使思维能力得到进一步的发展。

②作业的内容要科学合理,具有典型性和启发性,注重"双基"。作业的内容要精选,要符合学科课程标准和教科书的要求,具有典型性和代表性;兼顾基础知识和发展能力,重点应该放在基础知识的掌握和基本技能的培养上;可适当布置一些结合实际的或促进学生独立学习、扩展课堂学习内容的作业,这有助于发挥学生的创造力,发展学生的智力。

③作业分量要适当,难易要适度,不搞题海战术增加学生负担,更不要把作业当作惩罚的手段,给学生造成心理压力和身心疲劳。教师要按本学科的上课时间与自习时间的比例来确定作业的分量,并注意与其他学科相互协调。作业的数量和难度应以中等学生的水平为依据来确定。

④教师对所布置的作业要提出明确的要求,规定完成的时间;对作业中的难点、疑点可作必要的指导,对比较复杂的作业可适当给予方法上的提示,但这些指导和提示应是启发性的,不能代替学生的独立思考。

⑤作业也要体现因材施教和学生学习的自主性。布置作业时,教师也要遵循因材施教的原则,既要照顾大多数学生的实际水平,又要照顾到优秀学生和后进学生的不同程度,使每个学生都得到锻炼和相应的提高。最好的作业是那种允许学生从一定数量的作业中进行选择的作业。

⑥教师对学生的作业应及时检查和批改，以掌握学生的学习情况。

（二）作业的批改与讲评

批改和讲评作业，是教师检查教学效果、指导学生学习的重要手段。所以，教师对学生的作业要按时收发，认真检查和批改，适时地进行讲评，以便及时掌握教学情况，促进学生知识的完善。批改作业的方式，就范围讲，有全批改、部分批改、轮流批改；就程度讲，有精批细改、当面批改、课堂集体批改和学生互相批改等。实践证明，在条件允许的情况下，力争做到全批全改、精批细改、当面批改，这对学生的帮助最大。批改作业时，应注意学生作业中出现错误的数量和性质，分析错误产生的原因，在批语中简明扼要地给学生指出。同时，要记录下来，作为课堂讲评和改进教学的依据。对一些典型的、共性的问题，要以课堂讲评的形式进行分析、解决。

四、学业成绩的检查与评定的实施要求

对学生学业成绩进行检查、评定与分析，是了解教学效果、调节控制教学过程、掌握教学平衡的重要手段，是教学工作的必要环节。对学生来说，可以激发学习动机、促进复习巩固所学的知识、技能，可以及时获得自己学习的反馈信息，明确努力的方向，进一步调整自己的学习；对于学校领导来说，可以了解教师的教学情况，针对存在的问题采取有效措施改善和加强对教学工作的领导；对学生家长来说，可以及时了解子女的学习情况，以便更好地配合学校和教师共同提高学生的学习成绩。总之，学习成绩的检查、评定与分析除具有诊断、强化、调节、教育等多方面的功能外，对促进学生学习、改进教学工作、提高教学质量也有重要意义。

（一）学业成绩的检查

学业成绩的检查，主要是通过考查和考试两种方法来进行。

1. 考查

考查是对学生掌握知识技能水平的非正式的、经常性的检查和测定。主要是为了了解学生学习的基础和近期学习的质量，以便于教师决定教学的起点、进度或改进教学。考查一般有口头提问、检查书面作业、书面测验和日常观察等方式。

检查、批改学生的课外作业时应注意以下几点：

第一，按时检查，以养成学生按时完成作业的习惯。

第二，认真批改，以发现学生在知识、技能方面的错误和缺陷。

第三，仔细评定。作业一般应有成绩并尽可能写上简短的评语，以对学生学习提出明确要求，指出其未来的发展方向。

第四，及时反馈。作业情况应及时反馈给学生，以强化学生对知识的正确理解和运用，并纠正学生的错误、指出其原因。

第五，重点辅导。对于大多数学生在作业中易犯的错误，教师应找机会进行辅导、重点讲解或纠正。

2. 考试

考试是对学生掌握知识技能水平的正式的、总结性的检查和测定，具有全面性、综合性和总结性的特点。在中小学教学中，主要有期中考试、期末考试和毕业考试。考试的方式主要有笔试（开卷或闭卷）、口试和实践性考试三种。笔试是中小学最常用的考试方式，一般采用闭卷的形式进行。

组织考试是一项复杂的工作，应注意以下几个问题：

①考试要在学生系统复习的基础上进行。考试本身不是目的，而是检查教学效果、促进学生巩固知识的手段。因此，在考试前一定要留有充分的时间，组织学生进行全面系统的复习。复习时，教师要加强辅导，使学生进一步加深理解和牢固掌握所学知识，形成完整的知识体系，绝不能搞"突然袭击"。

②考试方式要多样化。教师应根据学科内容的特点和考试的具体目的，恰当地选择、灵活地运用各种考试方法、方式，既要做到方式多样化，又不过于频繁，甚至太多太滥，以免增加学生的学习负担和精神压力。

③提高命题质量。对学生的学习而言，考试内容在很大程度上是一种实际引导，因此，教师的命题应符合学科课程标准的要求，不出偏题、怪题。既要把考试的重点放在"双基"的掌握情况上，又要考查学生分析问题、解决问题的能力；既要突出重点知识，又要注意扩大知识覆盖面。试题应难易适度、分量适当，并有较高的信度和效度；试题的形式要多样化，应根据具体条件和考试目的灵活地选用主观性试题和客观性试题，从多种角度测查学生，应避免死记硬背式的试题；所编试题应便于解答、施测易行、阅卷评分省力、抗主观干扰性强。试卷编好后，还应拟定具体而明确的标准答案和评分标准。

④加强考试管理。教师既要重视思想教育工作，端正学生的考试态度，解除学生的思想负担，又要加强考试纪律，杜绝作弊行为，以保证考试的有效性。

（二）学业成绩的评定

评定学生的成绩，一般采用记分和写评语两种方法。

常用的记分方法有百分制记分法和等级制记分法两种。百分制记分法以百分为满分、六十分为及格，它便于区别学生成绩的细小差别及其发展变化的程度，便于计算平均成绩和排出先后顺序，但评分、统计较为复杂。等级记分法是用规定的等级来衡量学生的成绩水平，主要有五级记分法（优、良、中、及格、不及格，或5、4、3、2、1）、四级记分法（如甲、乙、丙、丁）以及最简单的"及格""不及格"二级记分法。等级记分法便于显示学生成绩的等级差别，但不利于显示成绩的细微差别，不能进行成绩的统计计算。一般来说，题目较多、便于打小分的或较为正式的考试，都要采用百分制；而题目不多、重在理解和灵活运用的试题及平时的考查以及开卷考试，则多采用等级制。

分数只能抽象地以数字表明学生学习成绩的水平程度，而评语则能反映和表达学生学业的具体特点、分析出现问题的原因、指出努力的方向，因此，有时教师在评分后还应写出评语，使两者有机结合起来。对学生学习情况的总结、实践性的考试以及检查学生的书面作业和课堂提问等，往往采用写评语的方法。

不论采用哪种方法，都必须客观公正，防止主观臆断和感情用事，要做到宽严适度、标准统一，既能真实地反映学生的学习成绩，又有利于调动学生的学习积极性。同时，应结合各学科的特点和学生的实际情况，全面、灵活地加以评定，既注意到学生对知识理解巩固的情况，又注意学生运用知识于实际的能力，鼓励他们的独创性。

（三）学业成绩的分析、讲评

检查评定学生成绩的根本目的在于促进学生的学习、提高其知识水平，所以，对检查和评定的结果要及时进行分析，找出薄弱环节，制订出提高教学质量的措施。对考试结果的分析应采取定性分析和定量分析相结合的方式进行，既要统计出班级平均分、各分数段的人数比例、各小题的学生失分率，绘制出全班学生成绩的分布曲线图，又要弄清在不同类型的试题中存在哪些问题、不同类型的学生出现了哪些问题、产生错误的原因何在等，并有针对性地提出改进教学、解决问题的方案。

在全面分析的基础上，教师应及时对学生的测评结果进行讲评。要抓住共性的、典型的问题做深入细致的剖析，进行全面的评价，使学生获得反馈信息，以进一步调整、改进自己的学习。同时，应注意指导学生学会自我剖析、自我评价，提高其学习能力。

第二节　课堂教学流程

一、导入新课

导入新课是指在新的教学内容和教学活动开始时，教师引导学生进入学习状态的行为方式，是课堂教学中一个不可忽视的重要环节。成功的导入能像磁铁一样牢牢地吸引学生的注意力，拨动学生的思维之弦，使学生产生强烈的求知欲望和高涨的学习热情，为课堂教学创设良好情境。好的开始是成功的一半。怎样导入新课才能自然贴切地把学生引入教师所创设的教学氛围中呢？新课导入的方法是多种多样的，以下列举常见的新课导入方法：

（一）温故导入法

温故导入法是在讲授新知识之前，有针对地复习上一节课所学的知识，然后自然而然地引出将要学习的内容。因为，知识是一个有机的整体，前后是环环相扣、密不可分的。温故导入法有利于学生形成系统的知识，把人为用章节分割的知识再次结合在一起，使学生掌握的知识更系统、更科学。

（二）衔接导入法

衔接导入法是从教学知识整体结构出发，根据同一类型知识的顺序，承上启下、承前启后地导入新课。

（三）设疑导入法

设疑导入法是根据课堂要讲授的内容，设计有关的问题向学生提出，以引起学生急欲求知的好奇心和求知欲。

（四）布障导入法

布障导入法是在讲授新知识前有意设置小小的障碍，使学生产生"愤""悱"的心理状态。适度的障碍自然能激发学生探求真谛的欲望。提出带有悬念性的问题来导入新课，激起学生的兴趣和求知欲。在悬念中巧妙地提出学习任务，又创造出探求知识的良好情境。

（五）目的导入法

目的导入法是讲课前先把本课要完成的教学目标说清楚，以求得大家的配合。目前进行的目标教学法大都采用这种方法导入新课。

（六）作用导入法

作用导入法是讲课前先把所要讲的知识的作用介绍给大家，以激起大家的学习欲望。

（七）直接导入法

直接导入法就是开头直接点出课题。

（八）间接导入法

间接导入法是由相关的问题导入新知识的学习。

（九）切入导入法

切入导入法是抓住要学内容的某一重点或难点，单刀直入，直插课文精彩部分。

（十）引趣导入法

引趣导入法是以引发学生兴趣作为课堂教学的开头。

（十一）激情导入法

激情导入法是讲课前，教师依据要讲的内容，先用生动的语言、丰富的表情、多变的动作造成浓厚的情境氛围，激发学生的情感，引起学生的共鸣。

（十二）悬念导入法

悬念即暂时悬而未决的问题，能够引起学生对课堂教学的兴趣，使学生产生刨根问底的急切心情，在探究的心理状态下接受教师发出的信息。教师要善于结合所教内容的性质，根据教学目标，把所要讲授的问题化为悬念，把学生的注意力引导到教学目标上来。

（十三）比较导入法

所谓比较，就是根据新旧知识的联系点、相同点，采用类比的方法导入新课。

（十四）观察导入法

观察导入法是教学新知识前，先让学生观察有关的事物。如教授长方形，先让学生观察自己周围的东西哪些属于长方形。有的也可课前观察，如教学《风筝》一课时，可让学生提前观察广场上放飞的各种风筝。

（十五）开门见山导入法

课一开始，教师不绕弯，直接点明新课要学的内容。

（十六）作业导入法

作业导入法是先根据新授课的内容和目标，布置一定的作业，以引起学生的注意，或者使学生产生压力感，让他们急于听教师讲解。语文、数学等课都可采用这种方法，值得注意的是，作业的形式可以多种多样，既可有笔答的，也可有口答的。

（十七）课题导入法

课题导入法是教师直接分析题目的含义，以此导入课文内容的学习。

（十八）游戏导入法

游戏导入法是教师通过组织学生自导自演一些与教学内容有关的小品、小短剧等导入新课。这种方法新颖活泼，容易使学生产生共鸣，活跃气氛，调动学生学习的积极性，让学生乐学、爱学。可以充分利用教材上的一些小活动。

（十九）故事导入法

故事导入法是教师通过讲故事的方法导入新知识的传授。

（二十）歌谣导入法

歌谣，特别是儿歌，是小学生喜闻乐唱的一种艺术形式。课堂教学中有目的地引入一些儿歌，并加以诱导，可发展想象力和思维能力。

二、教学新知

教学新知即在教师的组织和引导下使学生理解新知识、掌握新技能的过程。教师要做好这个环节，需要注意以下几个方面：

（一）语言语调

有学者说："上课时要充满激情，古人云：'山不在高，有仙则灵，水不在深，有龙则灵'。课堂亦是如此，教师上课的激情就是那山中'仙'、水中'龙'。没有了对教育的热爱，任你教师用再先进的现代教学手段，也只是徒具其形；任你教师用再华美的语言，再动听的语调上课，也不会打动学生的心灵，震撼学生的灵魂。是否可以打个这样的比方：如果说你的激情是平和宁静的，那你的激情就像春日里的阳光，温暖无香，十分适宜禾苗的成长；如果说你是奔腾豪放型的，那你的激情就像夏日里的暮雨，沁人心脾——适宜禾苗成熟。因此，只要热爱孩子，你的平静平和中藏着的只不过是含蓄的激情——你同样会对学生的需求和兴趣爱好产生欣赏，你也会把幽默带进课堂，你还会显得有人情味，更会细心、耐心……所有这些，为课堂气氛奠定的是深沉的激情曲。"

如果教师本身燃烧着对知识的渴望，学生就会迷恋于获取知识。教师教学中自然流露的激情、广博的知识和精湛的授课技巧都能潜移默化地感染学生，形成师生之间情感的交融，从而有效调动学生探究问题的主动性和积极性。

因此，教师讲课的语言应清晰流畅、精练朴实、通俗易懂、幽默风趣，讲课的语调要抑扬顿挫、绘声绘色。对重点内容、公式、定理应加重语气，力求集中学生的注意力，调动学生的学习积极性。否则语言平淡呆板，只能成为催眠曲，使学生昏昏欲睡。教师讲课的语速要适中，要始终与学生的思维协调合拍。

教师的语言应具备以下"六性"：①叙事说理，条理清楚，言之有据，全面周密，具有逻辑性。②描人状物，有声有色，情景逼真，细腻动人，具有形象性。③范读谈话，情真词切，平易流畅，真挚感人，具有感染性。④借助手势，穿插事例，比喻新颖，生动有趣，富有趣味性。⑤发音准确、吐字清晰，措辞恰当，寓意贴切，富有精确性。⑥举一反三，弦外有音，留有余地，循循善诱，富有启发性。

（二）关注学生

注意观察学生，把课堂当成你与一小组人的谈话。与学生进行一对一的眼神交流多半会增加学生的注意力，帮助你观察他们的面部表情和身体动作，捕捉学生是否认为你讲得太慢、太快或者需要再提供一个例子的信号。教师讲课时经常犯的一个错误就是，对材料过于投入，以至于忘了注意学生是否在专心听。

为保持学生的注意力，教师要变换讲课形式，学生的注意力是学生学习最重要的保证之一。研究显示，大部分人的注意力在10分钟的被动听讲之后会逐渐分散。为了延长学生的注意力，可以采取以下方法：①对关键问题提问，或者要求学生对主题发表评论。②扮演故意唱反调的人，或者邀请学生挑战你的观点。③要求学生独立解决问题，或者把学生分成两人或四人小组回答问题或讨论问题。④利用视觉教具，如幻灯片、图表、文字、录像和电影。

（三）时间分配

一节课中各部分内容大致需要多长时间，应做到心中有数，重点和难点需要的时间要长些，讲的力度要深些，切忌主次不分，重点不清。时间分配要讲究科学，前松后紧或前紧后松都会影响教学效果。有的教师讲课开始时怕学生听不懂，反反复复，絮絮叨叨，把精讲变成了繁讲，到后来一看时间不多了，便任意删减授课内容，"草率收兵"；还有的教师随意拖堂，下课铃响了半天，还在不停地讲授，室外"喧闹四起"，室内"无心听讲"。"草率收兵"或"随意拖堂"都是不良的教学习惯，应努力克服。

（四）课堂举例

一堂课三四十分钟，若教师总是滔滔不绝地讲述，势必得不到理想的效果。适时穿插一些妙趣横生的实例，往往会将平淡的一堂课变得生动、富有情趣。课堂上一个好的例子，可以达到一箭双雕的目的，不但使学生们学得懂、记得牢，而且活跃了课堂气氛。但举例也不能太随意，以免得到相反的效果。

（五）课堂提问

课堂提问是启发学生积极思维的有效方法，设计的问题必须保持逻辑性、系统性，要注意深浅程度，既不能冒进，也不能保守。课堂提问可分为以下三种：

①为讲新课铺路的提问。这种提问可创设一些悬念，激发学生的求知欲。从一开始就抓住学生的注意力，为讲清新课内容铺平道路。

②为突出重点难点而有意创设地提问。通过提问，启发学生独立思考，使他们自觉地接受、掌握课堂知识。教师在讲授新内容时如果遇到了旧的知识，不要直接应用，而应采取提问的方式，让学生回答，从而加强教学的系统性和巩固性。

③总结式的提问。这种提问一般在每节课的总结中进行，教师可以了解学生对所学知识掌握的程度。最后，还可以请几名学生到黑板上作示范以便纠正学生们普遍存在的问题。

三、巩固提升

（一）课堂巩固提升功能

课堂巩固是小学教学的基本方法之一，是一种有目的、有指导、有组织的学习活动，是学生掌握知识、形成技能、发展智力的基本途径。教师通过评价学生的巩固过程与结果，及时了解学生的学习状况，调整教学策略，设计新的巩固内容与巩固形式。它具有以下功能：

①检测评价功能，检测学生对知识与技能的掌握情况和思维发展水平；

②激励功能，巩固过程是不断解决问题的过程，学生在巩固过程中感受到问题解决带来的成功体会，提高自信心；

③思维训练功能，巩固的过程要引导学生经历数次各种形式的训练，在训练中提高解决问题的能力。

（二）有效的课堂巩固提升应具备的特点

1.趣味性

趣味性是有效巩固提升的基础。兴趣作为认识和从事活动的巨大动力，是开发智力的钥匙，它可以使学生变被动为主动，产生强烈的学习动力。新课标指出要"从学生熟悉的生活情境与童话世界出发，选择学生身边感兴趣的事物，以激发学生学习的兴趣与动机……"小学生天性好玩好动，喜欢新奇有趣的东西。因此课堂巩固提升无论从内容、形式还是结论表述上，都应体现趣味性，制造教学内容和学生内在需求的不平衡，诱发学生主动探究的兴趣。特别是低年级学生以形象思维为主，抽象思维能力发展较慢，所以低年级学生的巩固设计具有趣味性显得尤为重要。

游戏教学可以帮助教师将单调乏味的复习巩固活动变得生动有趣，引人入胜。在设计游戏时一定要注意合理、形式多样、生动有趣。游戏涉及学生的人数越宽越好，不要只一两个人做，其他学生仅当观众，使一些平常不爱说、不好动的学生得不到机会。要使学生全部参与和主动配合，游戏的形式多样化显得非常重要。"把戏不可久玩"，再好玩的游戏，玩过几次就没有新鲜感了。因此教师应不断收集游戏，设计、翻新游戏，以保持趣味性。

2. 精练性

精练性是有效巩固的根本。新课程强调学生在自主探索和合作交流的过程中理解掌握所学知识与技能，大大减少巩固的时间和数量，这就要求教师做到精讲精练。有学者认为："一个有责任心的教师与其穷于应付烦琐的数学内容和过量题目，还不如适当选择某些有意义但又不太复杂的题目去帮助学生发掘题目的各个方面，在指导学生解题过程中，提高他们的才智与推理能力。"基于这样的理念，以一道题为例，借题发挥，一题多解、一题多变、一题多用、才是巩固有效和高效的根本，才能促使学生从多层次、广视角、全方位地认识、研究问题，培养学生的创新意识和创新能力。

3. 灵活性

灵活性是有效巩固提升的原则。新课标要求教师教学不仅考虑所教学科自身的特点，更应遵循学生学习的心理规律，强调从学生已有的生活经验出发，使教学活动建立在学生的认知发展水平和已有的知识经验基础之上。而小学生又爱幻想，富有挑战性，常常反感机械单一地练习，这就要求课堂巩固提升的形式丰富多彩，题型灵活多样，答案也要多元开放。只有变重复巩固为多样活动、变静态巩固为动态活动、变封闭巩固为开放活动，才能解放学生的双手和大脑，激发学习热情，促进思维发展。

4. 创新性

创新是有效巩固的追求。创新是民族进步的灵魂，没有创新就没有发展。有学者指出："没有任何兴趣，依靠强迫维持的学习会扼杀学生的学习精神，这种学习是不会长久的。"因而教学尤其要注意培养学生的创造能力，让创造的火花迸发在课堂的每一个角落，使学生始终保持亢奋的情感。所以教师在巩固提升中要渗透创新的理念，挖掘有利于培养学生能力的因素，让巩固富有创意，让学生有创意地巩固。

另外，教师还应加强开放型巩固的指导，充分挖掘开放题目的价值，引导学生有意识地从各个角度去思考、去解决问题，从而激发学生的学习兴趣，提高学习效率；启迪学生的思维，培养能力；真正使学生的巩固从模仿走向运用，走向创新。

四、课堂总结

课堂教学是一门艺术，懂得适时课堂总结更是一门艺术。良好的课堂导入能产生"课伊始，趣亦生"的作用，巧妙的课堂总结也能达到"课虽终，趣犹存"的境界。"编篓编筐，重在收口"。良好的课堂总结能激起学生的思维高潮，产生画龙点睛、余味无穷、启迪智慧的效果。

课堂总结是课堂教学的一个重要环节，在教学中起着不可忽视的作用，适当的课堂总结可以帮助学生理清知识结构，掌握内在联系，对促进学生构建自己的知识体系，有很重要的作用。

（一）对课堂教学进行归纳梳理，给学生一个整体印象

课堂总结可以帮助学生理清所学知识的层次结构，掌握其外在的形式和内在联系，形成知识系列及一定的结构框架。在课堂结尾时，利用简洁准确的语言、文字、表格或图示，将一堂课所学的主要内容、知识结构进行总结归纳。这种总结简明扼要，提纲挈领，目的明确，且具有较高的实际意义，但也不是依教学的时间顺序，简单地读一遍板书各纲目的标题就能完成的。它能准确地抓住每一个知识点的外在实质和内在的完整性，从而有助于学生掌握知识的重点和知识的系统性。

（二）课堂总结能促进学生掌握知识、总结规律

课堂总结是对一节课的简要归纳，是对学习过程的归纳反思，是从总体上对知识的把握，不是知识内容的简单重复。课堂总结最重要的任务是在较短的时间内将这节课最重要的东西加以回顾提升。这就需要突出要点、重点、难点、易错点、技能、规律和方法。学生明晰了要点，有助于他们从整体上把握一节课；学生明晰了重点，也就强化了考查的内容；学生明晰了难点，就会掌握本课的主要学习方向；学生明晰了易错点，可以找到致错根源，避免再掉入同一个陷阱；学生明晰了技能，就能反思自己的做题水平并进行有针对性的训练；学生明晰了规律，就能在相近题型中主动应用；学生明晰了方法，就能做到知一解百，以简驭繁。

（三）课堂总结是学生对新知识一次很重要的记忆

教师在课堂上复习提问、讲解新课、安排学生自行消化和练习，都是为了当堂巩固知识和运用知识打好基础。课堂总结紧扣教学目标，突出基础知识、基础技能、基本思想，方法去繁就简、语言要简明扼要，占用的时间少。它用最简单、最经济、概括性最强的术语对新知识加以组织，并使新知识融合于已有知识经验中，从而使新知识更加巩固。这是效率高、功效强的一种很重要的记忆。通过总结，达到引导学生整理、复习、巩固教材知识，深化对课堂教学主题的理解和把握的作用，使得新知识具有更大的迁移价值，为后继学习和运用它们奠定基础。

（四）课堂总结为学生进一步学习架设桥梁，埋下伏笔

教学既具阶段性，又不乏连续性。有时一个课题需要几课时才能讲完，这样几节课之间必然存在着紧密的联系。教师可在做小结时提出一个有启发性的思考，造成悬念，为下一节课做好铺垫。学生在好奇心的诱导下主动预习新课，悬念成为新旧知识的联结点和桥梁。这样不仅为学生的进一步学习提供导向，而且能有效地激发学生的阅读兴趣

和求知欲望，从而变被动地接受为主动地索取。

（五）课堂总结是学生复习的依据

课堂总结是师生对一堂课总的概括，在课堂总结时，知识、方法、技能、思想，展现在学生面前。学生获得鲜明准确的知识，在课后依据这个概括去复习知识，必然能做到"纲举目张"，一堂课的内容自然就尽收眼底了。无论在课时复习还是单元复习，借助课堂总结都可以清晰明确地回忆起所学内容及方法技巧，起到事半功倍的效果。

利用课堂总结，既可以理顺知识、培养学生的学习能力，又能提高学生的思维品质，使教学环节更完整、学生思路更清晰，从而使课堂教学有一个完美的结局，圆满地完成教学任务。

第三节　教学关键技能

一、创设教学情境

教学情境是指在课堂教学中，根据教学的内容，为落实教学目标所设定的，适合学习主体并作用于学习主体，产生一定情感反应，能够使其主动积极建构起具有学习背景、景象和学习活动条件的学习环境。教学情境从广义上来说，是指作用于学习主体，产生一定的情感反应的客观环境。从狭义上来说，则指在课堂教学环境中，作用于学生而引起积极学习情感反应的教学过程。它可以综合利用多种教学手段，通过外显的教学活动形式，营造一种学习氛围，使学生形成良好的求知心理，积极参与对所学知识的探索、发现和认识过程。

教学情境可以贯穿于全课，也可以在课的开始、课的中间或课的结束。

在传统课程的教学中，课堂教学强调以教学大纲为纲、以教材为本，课堂教学过程中基本以教材安排的内容和顺序进行，学生以被动接受式学习为主，教师基本不需或很少创设与教材不同的教学情境。因而，创设教学情境在传统课程的条件下还不是教师必须掌握的专业能力。

新课程的实施，课程功能和目标的调整，使传统教学模式面临着变革。基于问题情境，以问题研究为平台的建构性教学成为课堂教学主流，教师的"创设教学情境能力"也随之成为重要的教师专业能力。

（一）创设教学情境的作用

教学情境的作用大致体现在四个方面：

首先，创设情境有利于学生循着知识产生的脉络去准确把握学习内容。在去情境化的教学中，学生直接接触现成的结论，知识犹如横空出世一般突然呈现在学生面前。由于不知道知识是为了解决什么问题，以及是如何得来的，这就给学生深刻理解学习内容带来了障碍，不利于学生思维的发展。思维是起始于问题而不是确定的结论。"五步思维法"中指出，思维活动可分为五个阶段：第一步，问题；第二步，观察；第三步，假定；第四步，推理；第五步，检验。教学情境的核心是与知识相对应的问题。因此，创设教学情境能够模拟地回溯知识产生的过程，从而帮助学生深刻理解教学内容，发展思维能力。

其次，创设教学情境还能够帮助学生顺利实现知识的迁移和应用。通过具体情境中的学习，学生可以清晰地感知所学知识能够解决什么类型的问题，又能从整体上把握问题依存的情境，这样，学生就能够牢固地掌握知识应用的条件及其变式，从而灵活地迁移和应用学到的知识。

再次，创设教学情境有利于激发学生的学习兴趣。在教学情境缺失的教学活动中，学生常常缺乏对知识应有的兴趣，因为知识在这样的教学中是以确定结论的面目出现的，不需要学生积极的智力活动。即使存在一些智力活动，也是按照规定的路径进行的推理。没有问题的教学不能引起学生强烈的探索和求知欲望，反而会消减他们的学习热情。许多教师不得不求助外在教学内容的措施，而效果往往不理想。可以说，创设教学情境是激发学生内在学习兴趣不可缺少的。

最后，教学情境还能够使学生在学习中产生比较强烈的情感共鸣，增强他们的情感体验。创设、呈现教学情境，有利于克服纯粹认知活动的缺陷，使学习成为一种包括情感体验在内的综合性活动，对于提高学习效果具有积极意义。

（二）创设教学情境的原则

1. 诱发性原则

在创设教学情境时，一定要保证新设情境能激起学生的认知冲突，以及学生的积极思考。

苏霍姆林斯基认为："人的心灵深处，都有一种根深蒂固的需要，就是希望自己是一个开发者、研究者、探索者。"由学生自己去发现、去创造，学生的理解才是最深刻的，也最容易掌握其中的规律、性质和联系。这就要求教学情境创设要具有开放性和探索性，对学生具有挑战性，能引导学生进行观察、操作、猜测，鼓励学生从多角度提出问题、思考问题和解决问题。

2. 真实性原则

在创设情境时，一定要使情境尽量真实或接近真实，在现实生活中能找到。学生在"眼见为实"的丰富、生动、形象的客观事物面前，通过对情境相关问题的探究，完成对主题的意义建构。建构主义的教学观强调：

用真实的情境呈现问题，营造问题解决的环境，以帮助学生在解决问题的过程中活化知识，变事实性知识为解决问题的工具，从而完成对新知识的意义构建以及对原有知识经验的改造和重组。教师要深入观察学生的生活，挖掘生活中的教材，准确把握教学内容与生活的联系，创设具有一定真实性和现实意义的教学情境，使学生能真切感受到学习内容与生活的联系。

3. 接近性原则

在课堂教学中，教师创设的情境要符合著名心理学家维果茨基的"最近发展区"理论。创设问题的深度要稍高于学习者原有的知识经验水平，具有一定的思维容量和思维强度，需要学生经过努力思考，"同化"和"顺应"才能解决问题，也就是我们常说的摘果子时，须"跳一跳，才能够得着"。

4. 合作性原则

时代要求培养学生的集体观念、团队精神和合作的能力，让他们学会交流和分享获得的信息、创意及成果，并在欣赏自己的同时，学会欣赏别人。教师在创设情境时，要考虑充分利用小组合作学习，让小组成员之间愉快地交流、协作，并共同克服学习中出现的困难。

5. 冲突、和谐统一的原则

教师在创设教学情境时，不仅注重考虑师生之间的交流与合作，让学生大胆提出问题，让课堂"活"起来，还要考虑师生之间的思维碰撞，让师生相互启发、诱导，达到融为一体、和谐共存的境界。

现代教学论认为，课堂教学活动是在认知发展和情感发展两个方面的相互作用、相互制约下完成的，知识往往通过情感功能才能更好地被学生接受、内化。学生有了对学习的热烈情感，就会增强其学习的积极性和主动性。教师在创设教学情境时，应当特别注意选用学生喜闻乐见的形式进行，如讲故事、做游戏、直观演示、对话表演、操作实验、多媒体演示等。

6. 层次性原则

学生的学习活动是一个从简单到复杂、由易到难循序渐进的过程。因此，在教学中创设教学情境应尽可能依据学生的实际经验和认知，架设好学习的框架，有层次、有梯度，考虑好问题的衔接与过渡。

在课堂教学中，教师应根据每一节课的教学内容，创设具有现实性、趣味性、探索性、开放性的教学情境，激发学生的学习动机。

（三）创设情境的方法

1. 利用有趣的故事创设教学情境

儿童对故事很感兴趣。因此教师可以根据教材内容的特点和需要，用生动形象的语言描述故事情节，诱导学生置身于故事情景中积极主动地参与教学活动。在趣中质疑、疑中生思，使学生产生浓厚的学习兴趣和强烈的探究欲望。把理性的传授与声、色、形等融为一体，形成生动、活泼、高效的课堂教学情境，促进学生潜能的发挥。

2. 利用直观教具创设情境

教学情境的创设要符合儿童心理特点和认知规律，要根据不同的教学内容而有所变化。例如在教学有关空间与图形的内容时，利用直观的教具创设教学情境，教学效果更为突出。又如点、线、面、体的概念以及它们之间的位置和度量关系，单凭在黑板上画图和文字表述，对初学的学生来说是难以想象、不易弄懂的。教师要善于利用学生周围的具体事物或特制的模型教具进行演示，借以使学生弄清楚有关概念和关系。如果能让学生自己动手去制作模型与教具，并自行操作演示，则有更大的教育意义。

3. 利用竞赛活动创设教学情境

小学生的好胜心强，有竞争意识，上进心足。教师可将竞争意识引入课堂，精心创设竞争式教学情境。在教学的每一个环节都比一比结果如何，形成良性竞争态势。教师对突出的学生或小组当众表扬，使学生的自信心得到提升和满足，同时也强烈刺激了学生的学习动机。

4. 利用游戏活动创设教学情境

教学是师生之间、生生之间交往互动与共同发展的过程。有趣的教学游戏更有利于营造师生之间宽松的环境和良好的学习氛围，使学生的思维更活跃，交往互动的程度更深，让学生在游戏活动中学习、在学习活动中提高。

同样的游戏活动在低年级的课堂中也常常用到，比如开火车、智力闯关、巡宝游戏、数学乐园等等。这种快乐动手、快乐操作的学习方式更能让学生体验到快乐学习的氛围，使原本枯燥乏味的教学知识变得生动有趣、栩栩如生。

（1）利用实际的生活情境

利用实际的生活情境，就是说要利用学生在家庭、学校、社区中正在发生的事件、问题还有产生的任务开展情境教学活动。这样的教学使学生一开始就在情境当中，是情境中的一份子，事件和问题都与他们相关，对于事件和问题，他们存在疑问，想知道为什么，或者是想去参加、参与解决。教师利用真实事件或者问题展开教学，就容易激发学生的学习兴趣，也容易使学生理解他们要掌握的知识，并且实践能力也容易在解决问题的过程当中得到发展。

在学生的学习过程当中，有很多都是反映儿童的真实生活的，关键是看教师能不能敏感地去捕捉到儿童生活当中的真实问题，然后把这些真实问题以情境的形式再现到课堂当中，让学生进行讨论、分析，然后去解决。过去，我们很多教师也遇到这样那样的案例，有时候却抛开儿童真实的问题，另辟蹊径，再找一些资料，结果又增加了教师的负担。实际上很多的情境就在儿童身边，一些真实的素材可以直接引入课堂。

利用这种真实生活事件的时候，要注意以下几点：

要善于捕捉学生生活当中真实的问题，教师要有敏感性。要多了解学生想什么，碰到什么问题。比如讲《爱护森林资源》这一节课，教师要听听学生有没有什么心声，要善于让学生去表达，不是所有的学生在表达以后都有爱护森林资源这个决心，而是要让学生把困惑讲出来，要创设一个民主的氛围，要多了解学生想什么，需要什么，有什么难题。

教师自身还要多听新闻多看报，要增强对社会变化发展的敏感性，要了解关于某个主题在社会生活当中有些什么样的观念，有些什么样的进展，有些什么样的新发现。只有了解这些东西，才能把一些比较恰当的材料引入我们的课堂里来。

（2）设置模拟的生活情境

设置模拟的生活情境，也就是说要模拟呈现在其他时间和其他地方或者其他人身上发生过的事件、故事，一般直接由学生来参与模拟，分担不同的角色。

模拟情境有很多的时候，需要教师做一些准备，也需要学生在模拟扮演之前作一些调查。学生准备模拟情境也是一个学习的过程，模拟情境不只是在模拟的过程中学东西。

（3）创设虚拟情境

虚拟情境就是一个并没有真实发生的故事，或者不确定这件事情是不是真人真事。讲述一个故事，播放一个教师自己制作的或者由他人制作的电视剧或者一个短片、一个小品。故事中的现象，要能引发学生的兴趣和疑问，或者故事中的人物遇到了问题，这个问题要能吸引学生思考解决的办法，让学生帮助这个人物去解决。故事提供了学生解答问题所需要的线索和思路。教师有的时候想教学生一些道理，却在现实生活中找不到这样的例子，在别人身上或者其他地方发生的真实事件中也找不到，那就可以编写一个故事。编写的故事要符合生活逻辑，人物可以是虚假的，但是应该符合逻辑。

教师一般是通过虚拟的故事来提一些问题，让学生从这个故事当中受到启发，引发思索，或者扩展分析问题的一些思路，然后回答故事当中的有关问题，或者讨论故事当中的一些问题，来扩展学生的经验和思维。

虚拟情境多种多样，有的虚拟情境是一个完整、封闭的故事。比如描写一个人物，呈现他遇到了什么样的问题，以及这个问题最后怎么解决的全过程。还有一种，它的结尾是开放的，最后并不提供结果，故事的结局往往是一个人遇到了问题，应该怎么办？留下悬念。这就需要让学生自己通过讨论来续写这个故事，为这个人去想解决的办法。虚拟情境可以有长有短，可能有的时候只是一个片段、一个侧面，它所起的作用就不一样。有的故事贯穿于整堂课，整堂课都是在解决这个情境里面发生的问题。有的时候一个情境可能是课堂当中的一个片段，它起一个导入的作用，这个情境有可能会引发学生更多的思路，然后这个情境就不再运用了。

一般来说，学习内容离学生现实生活比较远的，比如历史、地理，了解其他国家、其他地区的人的生活情况等，在实际生活中很难找到这样的真实情景，也很难让学生去模拟情境，那就可以去假设一些情境。比如有关历史的内容，可以播放一些历史的短片。这些历史的视频，虽然说有的东西看上去是真实的，但是很多时候也是假想的。有些故事是虚拟的，特别是故事片里面的历史故事，并不完全跟历史真相一样，我们把它们都称作虚拟的。但是，不是说播一段关于历史的故事，播一段场面等就叫情境。情境要有一些联系，有一些细节，有历史事物的发生进展，这才叫真正的情境。它起的作用与仅仅表现一个场面所起的作用是不一样的。因为那样一种饱含细节的情境，才能真正地把学生带入历史中去，带入历史的遥远的过去，去深刻地体会历史发展的脉络、关系或者某种背景。

在具体的教学中，应该根据什么样的条件，或者说依据什么标准，来选择这三种方式呢？一节课中可不可以同时利用三种方式呢？

创设情境要根据教学主题、目标，还要根据环境条件以及学生的特点、学生的年龄等具体情况，采用不同的方式。一般来说，低年级尽可能地利用他们身边发生的真实的事件来开展，但有的时候我们也会用一些虚拟故事，比如说适合学生兴趣的一些小动物的故事。但是这些小动物的故事也要符合人类社会真实的生活逻辑。比较有意思的小动物的卡通故事，这样的虚拟情境也可以用。情境需要根据具体情况来选择。

以上这三种情境运用的时候，可以交叉、结合地运用。在一节课当中可以运用两种方式，但是提倡以一种方式为主。比如在运用虚拟情境的时候，有的时候可以引出一些学生自身生活中的问题，引出来以后，教学就可以转到真实的情境中。但是还是要以一个情境为主，如果一节短短的课，里面有很多情境，就不可能展开得很生动。根据具体情况合理地、恰当地运用这三种方式创设情境，是对教师的教育智慧、教学能力的一种挑战，需要在具体的教学实践中探索、创造。

二、组织课堂提问

提问是课堂教学中不可缺少的环节，提问是启发学生思维、传授基本知识、掌握课堂教学进度以及进行课堂反馈的重要手段。其贯穿于课堂始终，教师会不会问、问什么、怎么问，直接反映着教师教的艺术和学生学的质量，影响着课堂教学的成败。在课堂教学中，一个好的提问可以引起学生的兴趣，激发学生的思维。

（一）课堂提问的问题类型

1. 判断性问题

其基本形式是："对不对？""是不是？"教师举出一些容易搞错的、似是而非的问题，让学生比较、辨别，确定它的是与非。这种提问对判断的要求有高低之分，如果是要求判断恰当而有根据，对提高学生的思维能力、加深理解所学知识是有益处的。而那种把答案已经在问题中说了再问"是不是"的提问，则是没有思考价值的低级提问方式，不宜提倡。

2. 叙述性问题

其基本形式是："是什么？""怎么样？"要求学生通过回忆或思考对问题作出叙述性回答，它有利于巩固学生已学的知识，培养学生对问题的综合分析能力。

3. 述理性问题

其基本形式是："为什么？"要求学生讲清道理，不但知其然，而且知其所以然。这类问题的回答，有的是教学内容的再现，有的是根据教学内容进行推理的结果，它有利于培养学生的记忆力和抽象逻辑思维能力。

4. 扩散性问题

其基本形式是："除此之外，还有什么不同的想法？""解决这个问题，有哪些方法？"教师提出这类问题，追求的目标不是唯一正确的答案，而是使学生产生尽可能多、尽可能新的想法和见解，从而培养学生的创造性思维。

（二）课堂提问的主要方式

1. 提出问题点名答

就是教师提出问题点名让某一学生回答。教师为了检查学生对已学知识的巩固程度和对新知识的理解掌握程度，可抽个别学生来回答，通过个别学生的回答可使全体学生加深记忆和理解。此外，当个别学生上课注意力不集中时，也可以通过提问的方式以引起他本人和大家的注意。

2. 提出问题大家答

就是教师提出问题后，让全体学生共同回答。让大家一起回答的问题，通常是比较简单而又比较重要的问题。通过大家的回答，教师可以了解大家对知识的掌握程度。然后对正在讲授的某一内容或问题，也可以采取这种方式来了解大家是否能跟上思路或思路正确与否。

3. 提出问题自己答

就是在讲授过程中教师自问自答。当教师提出问题后，通过观察学生的神情，估计大多数学生都不能回答时，在学生思考的基础上，再给学生一个明确、正确的答案。对一些已学过的知识需要回顾利用时，也可采取自问自答的方法，使大家在回顾思考的基础上得到正确的答案。教师有时为了节省时间，也可采取自问自答的方式。

4. 提出问题暂不答

就是教师提出问题后，暂不让学生回答，让学生在阅读教材或听讲后，再作回答。让学生带着问题读书，可充分调动大家学习和思考问题的主动性和积极性。另外，在一堂课临近结束时，教师提出与下次课讲授内容有关的问题，让大家来思考，等下次上课时再作回答。这种方法有利于学生养成良好的自学习惯，为上好下次课打下良好的基础。

（三）课堂提问的基本要求

1. 提问的用语应简单明确

除特殊要求的可有多种答案的问题以外，一般的问题都应使学生清楚地理解教师要求回答的是什么，不应使学生产生理解上的模糊性和随意性。

2. 提问要有一定的坡度和层次

教师要按照学生认识过程的规律和教材内容的逻辑层次，由易到难、由表及里，逐步提高问题的难度。

3. 提问要富有启发性

好的课堂提问，应具有启发作用，引导学生去思考、去探索、去发现。

4. 要注意保护学生回答问题的积极性

对学生的回答，教师要多肯定、少否定，多表扬、少批评；更不能妄加全盘否定；

对有创造性的见解，要给予赞扬和鼓励。

另外，教师的课堂提问应当面向全体学生，不应只抽优等生回答问题，不同难度的问题可由不同水平的学生回答。较难较深的问题，由优等生回答；一般的问题，由中等生回答；较易较浅的问题，由差生回答。教师还应注意课堂提问的时间控制，既不能浪费时间，又要给学生必要的思考问题的时间。

（四）课堂提问的策略

1. 课堂提问要具有整体性

提问题要紧扣教材内容，围绕学习的目的和要求，将问题集中在那些牵一发而动全身的关键点上，以利于突出重点、攻克难点。

2. 课堂提问要具有灵活性

教学过程是一个动态的变化过程，这就要求教师的提问要灵活应变。

3. 课堂提问要有趣味性

提问设计要富有情趣、意味和吸引力，使学生在思索答案时感到有趣而愉快，在愉快中接受教学。儿童的心理特点是好奇、好动、好玩。教学中，教师要尊重儿童文化，采用讲故事、猜谜语、游戏、比赛等形式，把抽象的数学知识与生动的实物内容联系起来，激起学生心理上的疑团，形成悬念问题。如果一堂课的提问都是平平淡淡，引不起学生的学习兴趣，必定会削弱课堂教学的效果。因此，教师在设计提问时就应注意到问题的趣味性。课堂提问的内容新颖别致，富有情趣和吸引力，使学生感到有趣而愉快，在愉快中接受学习。

4. 课堂提问要有思考性

教师要在知识的关键处、理解的疑难处、思维的转折处、规律的探求处设问。在知识的关键处提问，能突出重点，分散难点，帮助学生扫除学习上的障碍。在思维的转折处提问，有利于促进知识的迁移，建构和加深所学的新知。

5. 课堂提问要有多向性

首先要让学生的思维多向。教师所提的问题的答案或解决问题的思路与方法，不能是唯一的，学生回答这类问题时，需要综合运用各种知识，学生的思维要跃出线性思维的轨道，向平面型、立体型思维拓展。因此，它对于学生形成良好的认知结构，发展思维的灵活性、创造性，都是十分有益的。然后要注意信息传递的多向性。鼓励学生质疑问难，改变信息单向传递的被动局面，使课堂呈现教师问学生答、学生问教师答、学生问学生答的生动活泼局面。

6. 课堂提问要有逻辑性

教师所设计的问题，必须符合小学生思维的形式与规律。要设计出一系列由浅入深的问题，问题之间有着严密的逻辑性，然后一环紧扣一环地设问，从而使学生的认识逐步深化。

7. 课堂提问要具有巧妙性

当学生的情感被激发起来时，教师要善于激疑促思，或于"无疑"处设疑，或在内容深处、关键处、结合部设疑，使课堂教学时有波澜。

总之，课堂教学提问的设计技巧在课堂上看似随机应变，实际上功夫在"课堂"之外，它要求教师既备教材、教法，又要备学生，是教师认真学习科学理论、按照教学规律不断改进课堂教学的结果。

三、选用教学策略

教学策略是指"在不同的教学条件下，为达到不同的教学结果所采用的方式、方法、媒体的总和"。教学策略有许多不同的类型。瑞奇鲁斯将教学策略分为组织策略、传递策略、管理策略三类，这是针对传授型教学系统的。教学策略可分为内容型、形式型、方法型以及综合型。

教学方法是指"为了完成一定的教学目的和任务，师生在共同活动中所采用的方式、手段。既包括教的方法，也包括学的方法，是教法与学法的统一"。教学方法是最为具体的、最具有操作性的，在某种程度上也可以看作教学策略的具体化。

根据教学过程中学生认知活动的特点，教学方法可分为讲解演示法、复现法、问题性讲述法、局部探索法和研究法等。根据学生思维形式的特点，教学方法可分为归纳法和演绎法。根据某教学阶段所要实现的基本教学任务，教学方法可分为获取知识的方法、形成技能技巧的方法、运用知识的方法、创造性活动的方法、巩固的方法和检查知识技能的方法等。

（一）常见的教学方法

1. 讲授法

讲授法是指教师通过口头语言，辅助以板书、挂图、投影等媒体向学生传递语言信息的方法，是一种教师讲、学生听的活动。讲授法的优点是能在短时间内让学生获得大量系统的科学知识；缺点则是学生比较被动，师生都难以及时获得反馈信息，个别差异也很难全面照顾。

2. 演示法

演示法是指借助实物、图片或使用投影、电视、电影等手段，将要感知的过程或要学习的技能记录下来播放、演示，通过不同形式的直观化方式，增强学生的感性认识或在已有理性认识的情况下，再通过感性材料深化理性认识的教学方法。借助现代教学媒体，如电影、电视、多媒体计算机等，可以化静态为动态，因而其逼真程度和直观程度更高。

3. 讨论法

讨论法是在教师的指导下，由全班或小组学生围绕某一问题进行交流、切磋，从而相互学习的方法。这种方法既可以发挥教师的主导作用，也可以有效地体现学生的主体地位，是师生交流最为直接的一种方法。学生在群体思考的过程中，相互启发、相互激励，可以有效地加深学生对所学知识的理解。

4. 训练和实践法

训练和实践法是让学生通过一系列设计好的实践活动来进行练习，运用所学知识解决同类任务，以增加技能的熟练程度或增加新能力的方法。使用这种方法的前提是假设学习者在练习之前已基本掌握了与某种训练有关的概念、原理和技能。现代多媒体技术、人工智能技术和虚拟现实技术可以为学习者创设逼真的学习和实践情境，使学习者在真实的情境中进行练习和实践。

5. 示范模仿法

示范模仿法是以教学示范和学生模仿的方式来促进学生有效地获得某种技能的方法，适用于动作技能领域的学习。为了让学生加深对动作要领的理解，防止学生机械、盲目地模仿，一般教师在示范时要给予适当的讲解，将示范与讲解相结合，才能有效地促进学习者对技能的学习。

6. 发现法

发现法是指教师向学生提出有关问题，引导学生学习、搜集有关资料，通过积极思考，自己体会、"发现"概念和原理。它是一种以培养学生独立思考、发展探究性思维为目标，以基本材料为内容，使学生通过再发现的步骤来进行学习的教学方法。因此，教学不应当使学生处于被动的接受知识的状态，而应当让学生自己把事物整理就绪，使学生自己成为发现者。

（二）教学方法选择的依据

1. 依据教学目的和任务

选择教学方法必须从教学目的和任务出发，考虑是传授知识，还是巩固知识，或是训练技能、技巧，发展智力、能力，培养个性心理品质。根据具体的教学目的和任务，采用相应的教学方法。如是传授知识，一般可用直观法、启发性讲解法或谈话法；如是技能训练，可用操作法、练习法、实验法，以及技能训练性游戏法；如是培养逻辑思维能力，可用比较法、分析法和综合法、归纳法和演绎法；如是培养学生探索获取知识的能力，可用引导发现法、探究法。

2. 依据教学内容特点

教学内容是教学方法的直接性对象。选择教学方法，必须考虑教学的内容和特点、知识的类型（概念、计算、应用题或几何知识）、性质（理论性知识还是事实性的具体知识，是新引入的知识还是旧知识的引申、扩展或综合）、内容的多少和难易、前后的联系性等等。如果是逻辑联系不紧，分散的数学概念、定义、法则，可用讲解法或自学辅导法；一般的定律、性质、公式，可用引导发现法或探究法之类；对于理论性较强且难度较大的内容，应用启发性讲解法或是问题讨论法；新旧联系紧密且难度又不大的，可用自学法或尝试教学法。

3. 依据学生实际情况

学生是教学方法的实质性对象。因此，选择教学方法必须从学生的知识和能力基础、年龄特点和个性差异出发，考虑学生的基础知识扎实不扎实，认识理解能力强不强，是低年级还是高年级，以及心理状态等。选择的一般原则和方法有以下几方面：

①低年级学生的识字量不多，语言能力差，兴趣易发且多变，注意力不持久，思维以感性直观形象为主，且逻辑连贯性差，一般应选用直观操作法、知识性游戏法等，并要注意多变换方法，以利于培养学生学习的兴趣和动机。

②中年级学生的学习行为习惯逐步养成，语言能力有所提高，认识能力也有较大的发展，注意力也大大增强，有一定的主动性和自学、自理能力。这一阶段，应把直观方法和语言方法有机结合使用，适当运用一些逻辑推理和有自学性、探索性的方法，以促进学生语言能力、自学能力、逻辑思维能力的发展。

③高年级学生的抽象思维能力有了较大的发展，心理要求有更多的独立性、自主性，可选用学生主体认识性较强的教学方法，如问题讨论法、自学辅导法、引导探索法、引导发现法以及尝试教学法、掌握学习教学法等，以发展学生独立获取知识的能力、探索进取的精神、自我评价的能力。

此外，还应根据班级里绝大多数学生的知识基础、能力水平，对教学同样的知识内容，恰当地提高或降低教学要求，以便更好地适应不同班级学生水平的要求。

4. 依据教师本身的素养条件

教学方法的选用，只有适应教师的素养条件，能为教师所掌握，才能发挥作用。有的方法虽好，但教师缺乏必要的素养条件，自己驾驭不了，也不能在教学实践中产生良好的效果。例如，运用启发式或谈话法，教师本身对教材的理解必须有一定的深度，能随着具体情况，从不同角度，机动、灵活地用不同的语言表述对问题的理解，能针对学生问题的矛盾焦点，几句话就启迪学生的智慧，使学生豁然开朗。为了说明一个理论问题，有的教师形象思维水平高，可以用生动形象的语言把问题的事实和现象描绘得生动具体，然后从所讲的事实出发，由浅入深地讲清道理。有的教师不善于用生动具体的语言描述，但善于运用直观教具，在直观教具的演示配合下也能很快地讲清理论。前一种教师可以运用讲述法进行教学，后一种教师则可以采取直观演示法进行教学。教师可以根据自己的素养条件，扬长避短，发挥个人的优势，采取与自己条件相适应的教学方法。

当然，教师的素养条件不是先天的，如果缺乏某些素养，经过一番学习和努力，是可以具备的。对于某些先进的教学方法，如果是需要的，就应努力学习掌握它。

教学活动的复杂性、多元性决定了教学方法多样性的特点，同时，各个具体的教学方法又具有自己独特的个性特征。也就是说，没有任何一种教学方法能够包罗万象，一统全局。各种教学方法之间也不是毫不相干的，这不是一种对立关系，而是相互联系、相互渗透、相互转化的。因此，教师要运用多种教学方法为全面发展学生的认知能力创造条件。

四、调节教学节奏

事物运动皆有节奏。课堂教学是一门科学，亦是一门艺术，不仅要有精练的内容、精彩的形式、精巧的方法、精美的语言、精湛的引导和精密的整合，还必须有和谐流畅、张弛有度的节奏来调控，方能使它像一首优美的乐章那样，每一个跳动的音符，都引领学生在快乐中学习。课堂节奏指的是一节课的张弛快慢及其有规律的变化。适度的课堂节奏能自始至终牵动学生的注意力，维系学生的热情，使课堂教学跌宕起伏、张弛有度，从而轻松愉快地实现教学目的、完成教学任务。那么，如何才能较好地控制课堂节奏呢？

（一）把握知识容量，合理控制时间

课堂教学知识的传授，要符合学生的认知规律。一节课的知识容量既不能过大，也不能过小，应以学生能接受、能消化为限度。知识容量过小，学生吃不饱，节奏松弛，激发不起学生学习的兴趣；知识容量过大，学生消化不了，会影响教学效果。当然，在一堂课的课程学习过程中，任课教师需要根据实际需要合理分配每个环节的用时，既要做到轻重缓急，又要做到灵活机动；要坚决避免上随意课，漫无边际地调侃，甚至是进行"马拉松"式的教学。事实证明，不能很好地控制时间甚至是经常拖堂的教师，往往费力不讨好，会引起学生的反感。

（二）根据学生特点，优化教学设计

在小学阶段，儿童的注意力比较差，注意力不能长时间集中，而且容易疲劳。教师要依据教学内容、教学任务和目标、学生的具体情况，不断优化教学设计、变化教学方法，让学生时时产生"柳暗花明又一村"的新鲜好奇感，让他们的思维不断得到调整，注意力更加集中。如在教学设计时，教师可以把学生的听、说、读、写与课堂活动有效地结合起来，一会儿读书，一会儿听写，一会儿讨论，一会儿游戏，通过学习状态的变换，使学生的大脑始终处于兴奋状态，不会厌倦，为课堂快节奏和实现较好的教学效果提供可能。

（三）突出重点难点，选择适当方法

课堂教学中，必须认真研习教材，把握课程的重点和难点。对于重点难点要浓墨重彩，精心策划，做到程序井然、示范规范、目的明确、指导扎实，特别是要采取训练、板演、讨论、活动等多种方法加以巩固；对于非重点可以采取学生自学、教师个别辅导等方式进行，既提高了学生的自学能力，又节约了课堂时间。

（四）调节学生情绪，营造浓厚氛围

学生的情绪是影响课堂节奏的重要因素。课上，如果学生情绪涣散低落、烦躁惊恐，教师就是口若悬河，也不能收到良好的教学效果；相反，若课堂上洋溢着积极热情、欢快喜悦的气氛，那么，这就为合理调控课堂教学节奏打下了良好基础。因此，教师一定要关注学生的情感表现，利用各种教育机智调节学生情绪，从而控制课堂节奏。当发现学生疲倦时，教学应变化一下节奏，轻松一下，穿插一些有趣味的东西，以活泼课堂气氛；当发现多数学生已听懂教学内容，表现得漫不经心、注意力分散时，应加快节奏，增加密度。当然，节奏控制预设的方案再周密，也赶不上课堂教学的瞬息万变。课堂上学生学习过程中"朝晖夕阴"的学情，是节奏控制弥足珍贵的课堂资源，能否灵活调控，关键是教师是否具有很好的教学艺术水平。

总之，课堂教学节奏是影响课堂教学效益的一个重要因素。在课堂教学中，教的节奏和学的节奏和谐与否直接影响着教学质量的提高。教师必须充分发挥主导作用，及时调整和把握课堂教学中教的节奏，这样才能实现课堂教学效益的最大化。

五、教学媒体应用

媒体是指承载、加工和传递信息的介质或工具。当某一媒体被用于教学目的时，作为承载教育信息的工具，则被称为教学媒体。

教学媒体是教学内容的载体，是教学内容的表现形式，是师生之间传递信息的工具，如实物、口头语言、图表、图像以及动画等。教学媒体往往要通过一定的物质手段来实现，如书本、板书、投影仪、录像以及计算机等。

现代教学媒体是指利用现代技术承载和传递教学信息的工具。它由两个相互联系的要素构成：一是硬件或现代教学设备，即用以储存和传递教学信息的多种教学机器；二是软件，又叫作教材，即录制或承载了教学信息的各种片、带、软盘等。

现代教学媒体是相对于传统教学媒体而言的。传统教学媒体一般指黑板、粉笔、教科书等。现代教学媒体主要指电子媒体，由两部分构成：硬件和软件。硬件指与传递教育信息相联系的各种教学机器，如幻灯机、投影仪、录音机、电影放映机、电视机、录像机、电子计算机等。软件指承载了教育信息的载体，如幻灯片、投影片、电影胶片、录音带、录像带、光盘等。

（一）教学媒体特性

教学媒体主要特性包括：丰富的呈现能力，即教学媒体呈现教学信息的能力；强大的重现能力，即教学媒体对教学信息的重现能力；广泛的接触面，即教学媒体将教学信息传递到学习者的空间范围；良好的可控性，即指学习者对教学媒体操控的难易程度。教学媒体主要的表现形态包括数字化、多媒化、网络化、智能化等。

（二）教学媒体分类

教学媒体的分类方法有很多，按感官与物理性质分类是常见的两种。按学习者使用媒体的感知器官分类，可分为：听觉型媒体，如口头语言、广播录音等；视觉型媒体，如教科书、板书、板画、挂图、幻灯、投影等；视听型媒体，如电影、电视等；交互型媒体，如多媒体课件、语言实验室等。按物理性质分类，可分为光学投影教学媒体、电声教学媒体、电视教学媒体、计算机教学媒体等。

（三）教学媒体的选择依据

不同类型的教学媒体有着不同的表现形态、传播方式和教育价值。教学媒体的选择，应立足于对教学媒体特性的充分认识。影响教学媒体选择的因素有很多，但其主要的因素应包括教学目标、教学内容、教学对象及教学条件等。另外，不同的教学思想及理念也会对教学媒体的选择与应用产生一定的影响。

在教学媒体的选择与应用中，应考虑到共鸣性、渐进性、重复性、可靠性及经济性等。所谓共鸣性，主要指所选教学媒体能够引起师生共鸣，这是师生交流的前提与教育传播的关键。如果教学媒体脱离任何一方的经验范围，教学设计都将无法取得良好的效果。所谓渐进性，是指在教学媒体的选择与应用中，所提供的教学信息必须是从具体到抽象、从有形到无形、从感性到理性、从一般概括到概念原理等，保持教学过程的层次性及渐进性。所谓重复性，是指在教学媒体的选择与应用中，要能够实现不同场合的重复使用及同一内容的不同表达形式。所谓可靠性，是指教学设计中选择与应用的教学媒体，必须是真实可靠的、有权威、有信誉，这样才能产生良好的教学效果。所谓经济性，是指在教学媒体的选择与应用中，应充分考虑到教学条件，争取以最小的成本获得最大的教学效益。在同等的教学效果面前，教学媒体的成本代价是选择的一个重要依据。

对教学媒体的选择与应用，要尽可能把它的教育性、技术性及艺术性相结合，任何教学媒体都是为一定的教学目标服务的。教学媒体所表现的内容应符合教学大纲要求，有明确的教学目的和特定的教学对象；结构特点与表现方法要符合教学设计原则和教学方法的要求；师生要能够熟悉媒体特性，并能熟练、规范地加以运用。

1. 依据教学内容的特点选择媒体

在选择、运用教学媒体时，首先要做到媒体与内容的统一。要做到这一点，必须坚持两个出发点。

（1）从教学目标出发

教学目标规定了教师希望学生取得的学习结果，如掌握某个概念、形成某种技能等，为了达到不同的教学目标，需要采用不同的教学媒体。以语文教学为例，在语文教学中，教学目标一般除了会写会读生字以外，再就是有感情地朗读课文或从课文中体会作者的思想感情。前者往往采用教师讲解生字的注音、字形、字义等，辅助以板书或造句子，使学生能够及时掌握生字词的读、写情况；后者则以幻灯片或录像资料等形式给学生直观形象的讲解，使学生在情景交融的条件下能够直接地理解课文内容，体会作者所表达的思想感情。

（2）从所教学科的内容出发

由于各门学科的性质不同，适应的教学媒体也会有所区别；同一学科内章节内容的不同，对教学媒体也有不同的要求。例如在语文学科中讲读那些带有文艺性的记叙文，可以通过能提供某些情景的媒体，使学生有身临其境的感受，以唤起学生对课文中的人物、景象和情节的想象，使之加深理解和体会。

2. 依据教学方法的需要选择媒体

教学方法是教学的中介，是教师和学生为达到教学目标所采用的途径和程序，选择教学媒体是要做到与教学方法相协调。媒体与教学方法的协调就是要根据不同的教学内容，采用适当的教学方法和选择与他们配合的媒体，并使它们协调，以此产生最佳效果。

在小学语文课本中，有的是精读课文，有的是阅读课文，有的是记叙文，有的是童话故事……课文的类型各不相同；而在每篇课文中，有的课文是讲名人故事的，有的讲名胜古迹，有的讲风景、人物……课文的内容各不相同。就因为这些文章的类型不同，内容不同，所以在选择教学媒体上要与课文相匹配，而每篇课文的教学方法也会不同，因此相应地教师在选择媒体时也要根据教学方法的需要来选择。只有这样才能正确运用教学方法，达到最佳的效果。

3. 依据学生认知水平选择教学媒体

不同年龄阶段的学习者，由于认知水平的不同，对媒体的相容性也不同。因此选择教学媒体必须考虑学生的年龄特征。小学生的认知特点是直观形象思维占优势，注意力难以持久地保持，对此可以较多地使用色彩鲜艳的幻灯片和录像。但是每次幻灯片数不宜过多，时间不宜过长，解释力求达到精致，尽量避免一些抽象的概念。随着年龄的增长，学生的抽象和概括能力得到发展，经验逐步丰富，注意力持续集中的时间就会延长，为他们选用的教学媒体的种类就可以广泛一些，而在媒体的播放时间上也可以适当地延长。

对于低年级的学生来说，教师在制作课件时，应该选择活泼、生动、鲜亮的动画，以此来调动他们学习的积极性，从而引起他们的学习兴趣，使之更加愿意学；而对于高年级的学生来说，如果还是运用鲜亮的动画来上课，学生可能觉得幼稚，对此可能会不屑一顾。到了高年级，运用的幻灯片可以适当增多，可以将交互式电子白板运用到教学媒体中，完成生生互动、师生互动，持续的时间也可以相应地增长。

此外，在选择和运用教学媒体时还要注意形式上的美观性和手法上的创新性。媒体上的画面构图要清晰匀称、色彩逼真，字体的大小适度、排列适当。在使用手法的设计上，要有所创新，防止单纯模仿。不应该单纯追求情节和画面的美，脱离教学目标，以致成为教学上的干扰因素。

（四）教学媒体应用的原则

教学媒体不仅要选择合适，而且要使用得当，才能发挥教学媒体应有的作用。在具体运用时还应注意以下几个原则：

1. 正确性原则

正确使用教学媒体，明白媒体的辅助作用。使用教学媒体应该综合考虑教学媒体的效果、学校的条件、师生的实际以及经济实用性。应该选择和设计那些最真实直观，最能恰如其分地说明问题，能最大限度地激发学生学习兴趣、开发学生智力的教学媒体。不同的教学目标、内容和对象对教学媒体的要求也不同。因此，不能一味地去追求使用类型固定的教学媒体。媒体在课堂教学中属于辅助地位，我们要摆正学生、教师和多媒体之间的关系，处理好多媒体在课堂教学中的辅助地位，恰当地使用多媒体，就能让课堂教学精彩有效。

2. 实用性原则

媒体的选择要实用、有目的性。根据不同媒体的特点和教学目标恰当地运用。明确所使用的媒体在教学中的作用，是调动学生的学习兴趣还是解决重点、突破难点，是创设情境还是提供事实材料，是起示范作用还是作为学生探究的对象等等。运用现代教学媒体旨在解决那些用传统教育媒体难以解决的问题。

（1）视听觉媒体

视听觉媒体的使用使得教学过程变得更为形象具体、直观生动、富有情趣。例如，录像、电影教学具有较强的感染力、表现力和较强的再现功能。

如果是静态的事物要变成动态，或者想给学生提供一些真实的史料，可利用录像、电影等声像媒体。它通过图像与声音的信息组合，利用具体的场景和音响刺激学生，引起学生的情绪反应，激发学生的情感。

（2）视觉媒体

视觉媒体具有图像清晰、形象逼真、教学运用形式灵活多样等特点，并且媒体设备结构简单、软件制作方便、价格低廉、易于普及，在课堂教学中被广泛使用。运用幻灯、投影教学有助于解决教学重点、突破难点。如果要表现静态的事物，要使小变大，教师需边讲，学生边观察，要灵活控制教学信息的传递，则可利用幻灯、投影媒体来教学。它们在清晰度、亮度和提供详细观察条件方面比声像媒体优越得多。

（3）听觉媒体

在教育中引入听觉媒体，使得教学过程变得更为生动、有趣，规范、标准，尤其是在进行语言、语音和音乐等方面教学时，其具有其他教学媒体无法取代的优势。听觉媒体在语言学习、演唱等方面显示出独特的优越性。范读录音，语音规范、感情表达正确，可让学生模仿、练习。音乐教学，可播放示范音乐带给学生听，动听的曲调、准确的旋律，不仅能激发学习兴趣，而且有助于学生领悟歌曲的意境、陶冶情操，开发智力。

（4）多种媒体综合运用

综合媒体主要用于个别化教学，根据学生各自的特点来设计教学内容，让每个学生都处于教育优势之中。

3. 最优化原则

媒体的选择和设计要注意优化性，正确把握使用的时机和"度"。要求是最佳使用、恰到好处。在最需要媒体的时候，使用最恰当的媒体，能发挥最大功能，获得最佳的教学效果。在教学中使用多媒体辅助教学，不是越多越好，也并不是简单地罗列和重复，而是既要充分利用各种媒体帮助学生有效地掌握知识，又要防止媒体的"狂轰滥炸"，让学生无所适从。计算机多媒体课件更适合运用在那些在现有条件下无法观察到的、难于理解的、抽象的或是动态的内容上。

4. 经济性原则

媒体的选择要遵循低成本、高效能的原则。媒体选择的基本思想是尽可能选择低代价、高功能的教学媒体。

5. 互补性原则

媒体的选择要注重组合效应，实现多种教学手段协调互补的作用，主要体现在两个方面：

第一，现代教育媒体与传统媒体的有机结合。在一堂课中，语言表述是基础，板书、板画是纲要。课堂上教师的语言讲解板书和直观教具的运用是不可缺少的，现代教学媒体只有与之结合才能达到课堂教学的最优化。

第二，实现不同媒体间的扬长避短、互为补充。例如，电视录像在表现活动的画面上有独特的优势，但它呈现的时间太短，一闪而过，学生的认知过程难以展开，但如果将它与投影教学相结合，则既能表现活动的画面，又能表现静止放大的图像，教学效果必然会好。

6. 灵活性原则

灵活对待教学媒体，创造性地使用教学媒体。随着新课程的实施，与新教材配套的教学媒体不断增多，在提供的现成教学媒体不合适或不是最佳教学媒体的情况下，教师完全可以根据教学的实际需要，重新选择或设计教学媒体。

六、课堂板书

板书是教师在教学过程中，配合语言、媒体等，运用文字、符号、图表向学生传播信息的教学行为方式。板书是教师必备的基本教学技能，作为课堂教学的重要辅助手段，教师在讲课时，如何设计和运用板书，设计运用得好不好、巧不巧、妙不妙，直接关系到课堂的教学效果。

（一）板书的特征

1. 直观性

直观性是就板书的表现形式而言的，这是板书的第一特征。教师之所以把讲课的要点写在黑板上，目的就是让学生在听到的同时还能看到。把听与看结合起来，融为一体，听得清楚、看得明白，加深理解，增强记忆。

2. 明示性

明示性是就板书的具体内容而言的。教师讲课时板书的内容主要有两个方面：一是章、节、问题的大小题目；二是重点、难点和疑点内容的主题句及有关字、词。把这些内容写在黑板上就是明确提示学生本节课要讲的或已讲过的内容，起到画龙点睛的作用。

3. 艺术性

艺术性是就板书的表现形式与具体内容的有机结合而言的。教师在讲课时采用一定的手段把所书内容灵活巧妙地展现在黑板上，不但让人看后明白其内容，而且通过观赏亦能得到一种艺术的享受，回味无穷。

（二）板书的设计

1. 流水式

流水式就是把整块黑板当作一个整体，从上到下或从左至右像记流水账似的逐行书写其讲授内容，直到讲授完毕。这样的好处是内容具有连贯性，无间无隔，能给人以整体印象。

2. 两分式

两分式就是把整块黑板一分为二，划成左、右两个板块。左边一块为正板，亦可称为"死"板；右边一块为副板，亦可称为"活"板。正板书写章、节及问题的大小题目即基本内容，副板书写用来补充说明正板上的基本内容以及所使用的一些关键性的字、词、句及有关数据、符号、图形等。正板书写的基本内容从讲课开始直至讲课结束，不能随意擦掉，要保持其完整性。这样既便于学生笔录，也便于教师结束本节课时进行小结。副板书的内容根据讲课的逐步深入和板面需要可随时擦写（一般待写满后再擦），只要能起到补充说明作用，有利于学生消化理解就算完成了任务。

3. 三块式

三块式就是讲课开始时先在整块黑板正中上方位置书写本节课要讲的章、节名称，然后再将题下板面划分为左、中、右三个同等大小的板块。左边和中间两个板块为正板，右边板块为副板，正板和副板写的内容和方法同前"两分式"一样，在此不再赘述。

这种形式的好处是重点突出、主次分明，正板内容清晰，副板灵活多变，能给人以深刻印象。

（三）板书的作用

随着科学技术的发展，许多现代化的教学手段已经走入课堂，但是板书在教学中仍起着不可替代的作用。那么板书在教学中起着哪些重要作用呢？

1. 板书有长时间地向学生传递信息的作用

板书首先是文字，它和文字的作用一样。先民制造文字就是为了记录语言，传达信息。将语言和知识用文字记录下来再进行长时间的传递。如果我们没有文字，我们在教育学生时只能采用口传身授的办法。这样，我们的知识会越传越少，古圣贤的知识也不可能传到现在，科学就难以发展，社会也就难以进步！

2. 板书具有与实物不同的直观作用

教师在上课时用实物进行讲解，对学生来说是非常直观的。实物和多媒体虽然直观，但它少了学生的思维。如果我们在讲"Pig"时，在黑板上写一个"猪"字，学生看到这个字，大脑会通过间接的思维与"猪"的实物联系起来，即明白了单词的意思。我们常说，作为教师，应培养学生的思维能力，而板书也担负了这种责任。

3. 板书具有较大的灵活性

使用多媒体辅助教学，易于突破难点。但在使用过程中，我们也有很深的体会，准备一节课需要很长时间，即使使用现成的教学软件与自己的教学设计相结合也很费时，所以使用多媒体辅助教学要恰到好处，不然可能会造成事倍功半的结果。另外，这些教学媒体有一个共同的缺陷：要按照别人预先设计的环节进行，无法根据学生的特点灵活处理教材，即使自己制作的软件，也有类似的不便，因为教学过程中会有突发事件发生，会出现教师意想不到的问题。

4. 板书有示范和审美作用

课堂教学的艺术既离不开具体生动、又富有表达力的语言，又离不开扎实的专业知识又经不断锤炼的教学组织能力，也离不开直观、形象的优秀板书。我们的板书直接影响到学生的书写能力，因为学生的模仿能力很强，如果我们示范得不到位的话，学生们学得也可能不到位。特别是小学生，他们正处于识字、认字的阶段，我们的板书更应具有示范和引导作用，同时给学生以美的享受。精心设计的板书能使学生赏心悦目，兴趣盎然，活化知识，对知识加深理解、加深记忆，是提高学生非智力因素的重要手段。

（四）板书的内容

1. 教学内容的内在逻辑结构。
2. 教学的重点和难点。
3. 教学内容的补充知识。

（五）板书的类型与应用

1. 提纲式板书

提纲式板书是按教学内容和教师的讲解顺序，提纲挈领地编排书写的形式。它是教师根据教学重点内容的内在联系和教学设计程序，用大小括号和编号编排成的一个系统。这种形式条理清楚、字句简洁，突出教学重点，教学思路清晰，便于学生抓住要领，掌握学习内容的层次和结构，培养学生分析和概括的能力，是各科教学常用的板书形式。

2. 对比式板书

它是根据教学内容和学生已有的相关知识，运用对比方法显示出知识的异同的板书。这种板书对比强烈，有利于指导学生分清知识的共性与个性，也有利于学生求异思维能力的训练。

3. 词语式板书

它是根据对教学内容的分析研究，从中提炼出关键性的重点字、词组成板书提纲。这种板书多用于语文学科，它的特点是能帮助学生分析理解重点词语，进一步明确教学的主要内容。

4. 线索式板书

这种板书的特征是以教材提供的线索（时间、地点等）为主，反映教学的主要内容，使教材的梗概一目了然地展现在学生面前，使学生对它的全貌有所了解。

这种板书指导性强，能够显示出事情发生、发展的过程，能够突出知识形成的过程，有利于学生学会学习，对于复杂的过程能起到化繁为简的作用，便于记忆和回忆。

设计和使用这种格式的板书的主要技巧在于善于分析和抓住教学内容的主要发展线索，把它提取出来展现在黑板上，使其成为教学的主要思路。还可辅以少量的文字或线索，用以说明、解释或衬托主线。

5. 图画式板书

它是根据教学内容显现出来的特征，采用图中夹文或文中夹图的办法形象地勾画出事物间的内在联系的板书。这种板书生动、形象、直观，事物的内在关系显现得淋漓尽致，能有效地激发学生的学习兴趣，促进抽象思维能力的发展。

6. 分析综合式板书

它是运用分析、综合等思维方式，揭示教学内容，展示思维过程的一种板书。它的基本特征是思路清晰，逻辑严密，启发性强，是小学数学、语文教学中常用的板书方式。

7. 表格式

教师根据教学内容可以明显分项的特点设计表格，提出相应问题，让学生思考后提炼出简要的词语填入表格中，也可以边讲边把关键词填入表格，还可以先把内容分类，有目的地按一定位置书写、归纳，总结时再形成表格。

表格式能使学生印象深刻，对比直观、鲜明，对事物的特点抓得准。

（六）板书的要求

1. 字迹要写得工整、清楚

板书的字迹一定要工整，只有工整才能清楚，这是对教师板书的基本要求，切忌潦草，避免错别字，不要自造字，更不能随意简化，必须按照《简化字表》正确书写，以防误导，产生不良后果。

2. 语句要力求简明、精炼

要在有限的板面上容纳较多的内容，传播更多的信息，这就要求教师在板书语句的选用上下功夫，力求简明、精练，争取用最简洁的文字表达出复杂的内容，要抓重点、抓关键缺少重点和关键，势必影响教学效果。

3. 板面要做到干净、利落

板书就是任课教师在黑板上绘制蓝图，这幅蓝图新不新、巧不巧、美不美，关键在于教师的巧妙安排。因此，教师在板书时对板面上书写的位置、字体的大小、间距的宽窄、排列的次序以及标点的运用等细节问题都要周密考虑，合理分配，科学编排，力求做到干净、利落，使板面这幅蓝图更加绚丽多彩，发挥出它应有的辅助作用，收到良好的教学效果。

（七）板书注意事项

1. 板书要为教学服务

板书是学生掌握教材的凭借，巩固知识的依据。因此，教师的板书设计应在十分准确地掌握了教材基本观点的基础上进行。要力求向更深层次奋力挖掘，使认识达到更高的层次。设计应遵循教材的逻辑顺序，紧紧把握教学内容的重点和难点。一般来说，应抓住以下重点内容：

①能引导学生思路发展的内容，如必要的标题、问题的衔接和核心点。

②能引导学生由形象思维向抽象思维过渡的内容。

③能引起学生产生联想、便于记忆的内容，如对课业结构的提炼等。

总之，备课时应十分注意把握重点，采取恰当的方法解决难点，突出特点，在此基础上再设计板书的内容。只有这样才能设计出高质量的板书。

2. 板书要简洁扼要，有启发性

教师板书的语言要确切、精当、言简意明、一目了然，给人以凝练之感，能起到"画龙点睛"、指点引路的作用。

3. 板书要完备美观

有些板书虽是在授课过程中不规则地间隔出现的，但最后要形成一个整体。一堂课的板书，应是对该堂课讲述内容的浓缩，内容应完整系统，以便学生在课后利用板书的章、节、目、条、款进行归纳小结，收到再现知识、加深理解、强化记忆的效果。

4. 板书要抓住机遇

板书内容设计必须与讲解紧密结合。课堂的板书只是条条框框，它与教师的讲解是纲与目的的关系。因此板书的内容不可能很多，这就要求教师在进行内容设计时，应与讲述内容通盘考虑，对写哪些内容、什么时机写、写在什么位置都应作周密合理安排，使板书与讲解互相协调，相得益彰。

板书要随着课文的讲解，在教学过程中逐步完成。不要上课前就把板书都写好。也不要趁学生自读课文或回答问题时，自己在黑板上匆匆忙忙地写出。更不要讲过后再回过来补写板书，因为这种板书只是教师单方面的书写，没有学习过程，学生不知其所以然，无法从中得到理解和启示；相反，还可能影响学生的有意注意。

第三章 中学教学

第一节 教学与教学理论

一、教学概述

1. 教学的含义

在中国古代，"教"有教授、教诲、教化、教训、告诫、令使等含义。教学一词英文为 Teaching，与学习一词 Learning 是同源派生出来的两个词；"教学"一词的俄语，也有传授和学习之意。

有学者认为："教学是一种传授社会经验的手段，通过教学传授的是社会活动中各种关系的模式、图式、总的原则和标准。"；"教学是通过引导学习者对问题或知识体系循序渐进地学习来提高学习者正在学习中的理解、转换和迁移能力。"；"所谓教学，乃是教师教、学生学的统一活动；在这个统一活动中，学生掌握一定的知识和技能，同时身心获得一定的发展，形成一定的思想品德。"

在认识存在差异的同时，也有不少共同之处。第一，都强调教师教与学生学的结合或统一，即教师教与学生学是同一活动的两个方面，是辩证统一的。首先，教不同于学，在课堂教学情境中，教主要是教师的行为，学主要是学生的行为。教师与学生之间存在着差异。教主要是一种外化过程，学主要是一种内化过程。其次，教与学相互依存、相辅相成。教离不开学，学也离不开教。第二，都明确了教师的主导地位与学生的主体地位。在教学过程中，教师主导着教学活动的方向和性质，学生永远是学习活动的主人，教师只能指导学生学习，而不能代替学生学习。既不能以任何形式削弱教师的主导作用，也不能以任何借口剥夺学生的主体地位。第三，都强调了教学对学生全面发展的作用。学生的身心健康发展离不开教学的深刻影响。教学不仅使学生掌握一定的知识和技能，而且在学生身心发展、形成思想品德等方面也起着积极的促进作用。

对教学本质的探讨，应从两个层面来进行：一是目的论层面，它凭借哲学资源对教学的目的进行价值论探讨。因为教学活动是人类有意识、有目的的活动，对此，应从自然的规范属性或价值法则予以说明。二是工具论或方法论层面，它凭借心理学、社会学等，对教学的手段、方式、方法进行科学的探讨。因为教学活动是以教师与学生之间的社会化交往为前提和形式的心理和行为变化过程，人的心理和行为变化是有规律的，适应这种规律性的变化是教学有效性的客观要求。因此，教学是一种尊重学生的理性思维能力，尊重学生的自由意志，把学生看作独立思考和行动的主体，在与教师的交往和对话中，发展个体的智慧潜能、陶冶个体的道德性格，使每个学生都能达到自己最佳发展水平的活动。

教学与教育是两个既相互联系，又相互区别的概念，两者是部分与整体的关系。教育包括教学，教学是学校进行全面教育的一个主要途径。除教学外，学校还通过课外活动、生产劳动、社会实践等途径向学生进行教育。教学是学校的中心工作。

2. 教学的意义

教学是学校教育中最基本的活动，不仅是智育的主要途径，也是德育、体育、美育的基本途径，在学校整个教育系统中居于中心地位，发挥着核心作用。

（1）教学是社会经验得以再生产的一种主要手段

教育是解决个体经验和人类社会历史经验之间矛盾的强有力的工具之一，教学作为一种专门组织起来的传递人类知识经验的活动，能简洁地将人类积累的科学文化知识转化为学生个体的精神财富。教育不仅能促进个体实现社会化，而且能使人类文化一代代地继承和发展。

（2）教学为个人的全面发展提供科学的基础和实践教学的作用

教学为个人的全面发展提供科学的基础和实践教学的作用直接地、具体地表现在对个体发展的影响上：其一，它使个体的认识突破时空局限及个体直接经验的局限，扩大了他们的认识范围，并加快了认识的速度；其二，教学作为教育中组织性、系统性最强的活动，能使个体的身心发展建立在科学的基础上，结合科学知识的传授和学习，在一个统一的过程中实现了德、智、体、美诸方面的和谐发展。学生是通过自身的实践活动来实现自身发展的目的，而在教学中，学生的学习活动是最主要的实践活动，学生则主要通过这种实践活动促进自身的全面发展。

（3）教学是教育工作构成的主体部分，又是教育的基本途径

学校工作应该坚持以教学为主，才能确保教育质量的提高。时间上，应将大部分用

于教学；内容上，要以传授间接知识为主；组织形式上，要以课堂教学为主。同时，教学又必须与其他教育方式相结合，以实现全面发展的培养目标。

3. 教学的任务

（1）传授和学习科学文化基本知识和基本技能

基础教育阶段教学的首要任务就是传授和学习科学文化基础知识和基本技能。基础知识是指教学大纲规定的学生必须掌握的关于自然、社会和人类思维的基本知识。基本技能是指学生运用所掌握的知识去完成某种实际任务的能力。基本技能即是各门学科中最主要、最常用的技能，如读、写、算的技能和基本的实验操作技能等。

（2）发展学生智力，培养学生能力

智力是保证人们有效地认识客观事物的稳定的心理特征的综合，它属于认识活动的范畴。智力包括观察力、注意力、记忆力、想象力和思维力，其中思维力是智力的核心。能力是保证人们成功地进行实际活动的稳固的心理特征的综合，它属于实际活动的范畴。教学应该促进学生智力，培养学生的自学能力、操作能力、发现问题等各方面能力。

（3）发展学生体力，提高学生的身心健康水平

体力主要是指身体的正常发育成长与身体各个器官的活动能力（如视力、听力、运动器官的活动力）。发展体力是体育课的主要任务，同时，各科教学中都应考虑这一任务的实施。

（4）培养学生的审美情趣和能力

教学不仅是知识的授受过程，同时还要对学生进行审美教育。要运用艺术美、自然美和社会生活美来培养学生正确的审美观和感受美、鉴赏美、创造美的能力。

（5）发展学生积极的情感、态度和价值观，形成良好的品德和个性心理品质。

教学本身具有教育性，应该发展学生积极的情感、态度和价值观，形成良好的品德和个性心理品质。教学的教育性体现在教学内容具有丰富的德育素材。首先，如语文、政治、历史以及一些自然科学范畴的课程，本身就具有一定的思想品德教育内容。其次，教学组织形式和教学基本环节中有丰富的德育因素。最后，教师在教学中能起到榜样示范的作用。

二、多代主要教学理论流派

教学理论是教育学的一个重要分支。它既是一门理论科学，又是一门应用科学；它既要研究教学的现象、问题，揭示教学的一般规律，也要研究利用和遵循规律解决教学实际问题的方法策略和技术。

1. 哲学取向的教学理论

哲学取向的教学理论源于苏格拉底和柏拉图的"知识即道德"的传统。这种理论认为教学的目的是形成人的道德，而道德又是通过知识的积累自然形成的。为了实现道德目的，知识就成为教学的一切，依次便演绎出一种偏于知识授受为逻辑起点、从目的手段进行展开的教学理论体系。

其一，知识——道德本位的目的观。如《教育学》中所说，在学校中有计划地实现下列工作：以知识、技能和熟练技巧来武装学生，建立他们有计划地发展他们的智力和道德；在教师领导之下，组织学生积极活动，以实现这种工作。其二，知识授受的教育过程。《教育学》中这样表述：授予学生知识并使他们领会具体的东西，使他们形成观念；理解所学习客体中的相同点与不同点，本质的、主要的和次要的地方，认清原因与结果、相互作用关系及其各种关系；形成学生的概念，使他们认识定律、定理、规则、主导思想、规范及其他概括；使学生牢固地领会事实与概括的工作；技能和熟练技巧的养成和加强；用实践来测量知识，把知识应用于包括创造性作业在内的各种课业中。其三，科目本位的教学内容。这种教学理论在教学内容方面的主要特征是：过分强调以书本知识和讲授间接经验为主，沿袭了"百科全书式"的课程传统；学科或分科课程占主导地位，以学科逻辑来组织教材，强调教材的系统性；课程的规范程度高，习惯以教科书为课程范本。其四，以语言呈示为主的教学方法。这种理论在教学方法上的主张一直是以讲授法为主导地位。讲授法是教师通过口头语言向学生传授知识的教学方法，包括讲述、讲解、讲演三种方法。

2. 行为主义教学理论

心理学是自然科学的一个纯客观的实验分支，它的理论目标在于预见和控制行为。因此，把"刺激—反应"作为行为的基本单位，学习即"刺激—反应"之间联结的加强，教学的艺术在于如何安排强化。由此派生出程序教学、计算机辅助教学、自我教学单元、个别教学法和视听教学等多种教学模式和方式。其中以斯金纳的程序教学理论与布卢姆的掌握学习理论影响最大。

（1）斯金纳的程序教学理论

其一，预期行为结果的教学目标。斯金纳认为，学习即反应概率的变化；理论是对所观察到的事实的解释；学习理论所要做的，是指出引起概率变化的条件。他还认为人类与动物的行为可能取决于前提性事件，也可能取决于结果性事件，所以我们可以安排各种各样的反应结果，以决定和预见有机体的行为。根据行为主义原理，教学的目的就是提供特定的刺激，以便引起学生的特定反应，所以教学目标越具体、越精确越好。其二，相倚组织的教学过程。所谓相倚组织，就是对强化刺激的系统控制。斯金纳认为，学生的行为是受行为结果影响的，若要学生做出合乎需要的行为反应，必须形成某种相倚关系，即在行为后有一种强化性的后果。倘若一种行为得不到强化，它就会消失。根据这一原理形成了一种相倚组织的教学过程，这种教学过程对学习环境的设置、课程材料的设计和学生行为的管理做出了系统的安排。其三，程序教学的方法。程序教学法是根据强化作用理论而来的。斯金纳认为，对有机体与其环境相互作用的一种适当的陈述，必须始终说明三件事：反应发生的场合、反应本身、强化结果。这三者之间的关系便是强化相倚关系。

（2）布卢姆的掌握学习理论

掌握学习理论的核心是有效教学应保证大多数学生都掌握主要的学习内容。只要给予足够的时间和进行适当的教学，大多数学生都能达到主要的学习目标。许多学生之所以未能取得合格的成绩，不在于智力问题，而在于未能得到合适的指导和必需的学习时间。掌握学习的一般程序是展开具体的教学目标，为学生定向。教学目标应包括知识点及要达到的目标（记忆、理解、应用、分析、综合、评价）；逐单元学习，逐单元掌握；进行形成性测验。每单元结束后进行形成性测验，反馈目标达成度，对未达成目标学生进行帮助，并纠正错误；实施终结性测验，评定学生学习成绩等级。实验表明，掌握学习能使全班大多数学生的成绩达到优秀水平。

3. 认知教学理论

认知心理学家批判行为主义是在研究"空洞的有机体"，在个体与环境的相互作用上，认为个体作用于环境，而不是环境引起人的行为，环境只是提供潜在刺激，至于刺激是否引起注意或被加工，这取决于学习者的心理结构。学习的基础是学习者内部心理结构的形成或改组，而不是刺激—反应连接的形成或行为习惯的加强或改变，教学就是促进学习者内部心理结构的形成或改组。提出认知教学理论的是美国教育心理学家布鲁纳和奥苏伯尔等，其中影响较大的有布鲁纳的认知结构教学理论和奥苏伯尔的有意义接受学习理论。

（1）布鲁纳的认知结构教学理论

其一，理智的发展教学目标。布鲁纳认为，发展学生的智力应是教学的主要目的。他在《教育过程》中指出，必须强调教育的质量和理智的目标，也就是说教育不仅要培养成绩优异的学生，而且要帮助每个学生获得理智的发展。

其二，动机—结构—序列—强化原则。布鲁纳提出了四条相应的教学原则。①动机原则。学习取决于学生对学习的准备状态和心理倾向。儿童对学习都具有天然的好奇心和学习的愿望，问题在于教师如何利用儿童的这种自然倾向，激发学生参与探究活动，从而促进儿童智慧的发展。②结构原则。既要选择适当的知识结构，又要选择适合学生认知结构的方式，才能促进学习。这意味着教师必须认识到教学内容与学生已有知识之间的关系，知识结构应与学生的认知结构相匹配。③程序原则。即要按最佳顺序呈现教学内容。由于学生的发展水平、动机状态、知识背景都可能会影响教学序列的作用，因此，如果发现教学效果不理想，教师要随时修正或改变教学序列。④强化原则。即要让学生适时地知道自己学习的效果。但要注意的是，教师不应提供太多的强化，以免学生过于依赖教师的指点。另外，要逐步从外部奖励转向内部奖励。

其三，学科知识结构。布鲁纳认为，任何学科知识都是一种结构性存在，知识结构本身具有理智发展的效力。他认为学习基本结构有四个好处：①如果学生了解一门学科的基本结构或它的逻辑组织，就能理解这门学科；②学生了解基本概念和基本原理，有助于学生把学习内容迁移到其他情景中去；③如果把教材组织成结构的形式，有助于学生记住具体细节的知识；④如果给予学生适当的知识经验和对结构的合理陈述，即便是年幼儿童也能学习高级的知识，从而缩小高级知识与初级知识之间的差距。

其四，发现学习法。布鲁纳认为，学生的认知发展主要是遵循特定的认知程序。学生不是被动的知识接受者，而是积极的信息加工者。教师的角色在于创设可让学生自己学习的环境，而不是预先准备齐全的知识。因此，他极力倡导使用发现法，强调学习过程、强调直觉思维、强调内在动机、强调信息提取。

（2）奥苏伯尔的有意义接受学习理论

奥苏伯尔认为发现学习难以成为一种有效的首要的教学手段，绝大多数知识仍然需要通过接受式的学习来掌握。接受式学习并不都是机械式学习，它完全可以成为有意义的。有意义的接受学习是一个主动的过程，一个新知识和旧知识相互作用的过程，即新知识被认知结构中原有观念同化，被学习者理解，是使原有认知结构得以全新组织或改造的过程。这一过程的一般程序是：在决定新知识"登记"到已有的那些知识中去时，对新旧知识的联系性进行切实的判断；当新旧知识进行联系发生矛盾时，就需要进行调节，重新理解或表达新知识；使新知识与个人经验、背景、词汇、概念等相一致，使旧知识成为接受新知识的基础；如果找不到作为调整新旧知识矛盾的基础，则对更有概括性、容纳性的概念进行再组织，从更高层次上进行新旧联系。

4. 情感教学理论

心理学家认为，真正的学习涉及整个人，而不仅仅是为学习者提供事实。真正的学习经验能够使学习者发现他自己独特的品质，发现作为一个人的特征。教学的本质即促进，促进学生成为一个完善的人。心理学家罗杰斯的非指导性学习就是这一流派的代表，其基本主张包括以下方面。

（1）教学目标

罗杰斯认为，最好的教育，目标应该是"充分发挥作用的人、自我发展的人和形成自我实现的人"。在他看来，只有这样的人才能建设性地处理某个领域复杂的问题。他指出：学校要培养的人就是能从事自发的活动，并对这种活动负责的人；能理智地选择和自定方向的人；是批判性的学习者，能评价他人贡献的人；获得有关解决问题知识的人；更重要的，能灵活地处理问题的人；能在各种活动中有效与他人合作的人；不是为了他人的赞许，而是按照他们自己的社会化目标而工作的人。

（2）非指导性教学过程

罗杰斯把心理咨询的方法移植到教学中来，为形成促进学生学习的环境而构建了一种非指导性的教学模式，这种教学过程以解决学生的情感问题为目标。

（3）意义学习与非指导性学习

罗杰斯按照某种意义的连续，把学习分成无意义学习和意义学习。无意义学习（如记忆无意义音节）只与心有关，没有情感或个人意义的参与，它与整个人无关。意义学习不是那种仅仅依靠事实累积的学习，而是一种使个体的行为、态度、个性以及未来选择行为方式发生重大变化的学习。这不仅仅是一种增长知识的学习，而且是一种与每个人各部分经验都融合在一起的学习。

（4）师生关系的品质

罗杰斯认为，教师作为"促进者"在教学过程中的作用表现为四个方面：①帮助学生理清自己想要学什么；②帮助学生安排适宜的学习活动和材料；③帮助学生发现他们所学东西的个人意义；④维持某种教育学习过程的心理气氛。罗杰斯认为，发挥促进者的作用，关键不在于课程设置、教师知识水平及视听教具，而在于"促进者与学习者之间的人际关系的某种品质"。这种品质包括三个方面：真诚、接受、理解。

5. 建构主义教学理论

建构主义教学理论强调以学生为中心，不仅要求学生由外部刺激的被动接受者和知识的灌输对象转变为信息加工的主体、知识意义的主动建构者，而且要求教师由知识的传授者、灌输者转变为学生主动建构意义的帮助者、促进者。可见，在建构主义学习环境下，教师和学生的地位、作用和传统教学相比已发生了很大变化。建构主义理论所蕴含的教学思想可以概括为知识观、学习观、教学观等方面。

（1）建构主义的知识观

知识不是对现实的纯粹客观的反映，任何一种传载知识的符号系统也不是绝对真实的表征。它只不过是人们对客观世界的一种解释、假设或假说，它不是问题的最终答案，且必将随着人们认识程度的深入而不断地变革、升华和改写，出现新的解释和假设。知识并不能绝对准确无误地概括世界的法则，提供对任何活动或问题解决都适用的方法。在具体的问题解决中，知识是不可能一用就准、一用就灵的，而是需要针对具体问题的情境对原有知识进行再加工和再创造。知识不可能以实体的形式存在于个体之外，尽管通过语言赋予了知识一定的外在形式，并且获得了较为普遍的认同，但这并不意味着学习者对这种知识有同样的理解。真正的理解只能由学习者自身基于自己的经验背景而建构起来，取决于特定情境下的学习活动过程。否则，就不叫理解，是被动地、复制式地学习。

显然，这种知识观是对传统课程和教学理论的巨大挑战。按照建构主义来看，课本知识只是一种关于某种现象的较为可靠的解释或假设，并不是解释现实世界的"绝对参照"。某一社会发展阶段的科学知识固然包含真理，但是并不意味着终极答案，随着社会的发展，肯定还会有更真实的解释。更为重要的是，任何知识在为个体接收之前，对个体来说是没有什么意义的，也无权威性可言。所以，教学不能把知识作为预先决定了的东西教给学生，不要以我们对知识的理解方式来作为让学生接收的理由，用社会性的权威去压制学生。学生对知识的接收，只能由他自己来建构完成，以他们自己的经验为背景，来分析知识的合理性。在学习过程中，学生不仅要理解新知识，而且要能对新知识进行分析、检验和批判。

（2）建构主义的学习观

当代建构主义者主张，世界是客观存在的，但是对于世界的理解和赋予意义却是由每个人自己决定的。我们是以自己的经验为基础来建构现实，或者至少说是在解释现实。每个人的经验世界是由我们自己的头脑创建的，由于我们的经验以及对经验的信念不同，于是我们对外部世界的理解便也迥异。所以，学习不是由教师把知识简单地传递给学生，而是由学生自己建构知识的过程。学生不是简单被动地接收信息，而是主动地建构知识的意义，这种建构是无法由他人来代替的。

学习过程同时包含两方面的建构：一方面是对新信息的意义的建构，另一方面又包含对原有经验的改造和重组。这与皮亚杰关于通过同化与顺应而实现的双向建构的过程是一致的。只是建构主义者更重视后一种建构，强调学习者在学习过程中并不是发展起供日后提取出来以指导活动的图式或命题网络；相反，他们形成的对概念的理解是丰富的、有着经验背景的，从而在面临新的情境时，能够灵活地建构起用于指导活动的图式。

任何学科的学习和理解都不像在白纸上画画，学习总要涉及学习者原有的认知结构，学习者总是以其自身的经验，包括在正规学习前的非正规学习和科学概念学习前的日常概念，来理解和建构新的知识和信息。即学习不是被动接收信息刺激，而是主动地建构意义，是根据自己的经验背景，对外部信息进行主动的选择、加工和处理，从而获得自己的意义。外部信息本身没有什么意义，意义是学习者通过新旧知识经验间的反复的、双向的相互作用过程而建构成的。因此，学习不是像行为主义所描述的"刺激—反应"那样。学习意义的获得，是每个学习者以自己原有的知识经验为基础，对新信息重新认识和编码，建构自己的理解在这一过程中，学习者原有的知识经验因为新知识经验的进入而发生调整和改变。所以，建构主义者关注如何以原有的经验、心理结构和信念为基础来建构知识。

（3）建构主义的教学观

建构主义者强调学习的主动性、社会性和情境性，对学习和教学提出了许多新见解。事物的意义并非完全独立于我们而存在，而是源于我们的建构，每个人都以自己的方式理解事物的某些方面，教学要增进学生之间的合作，使学生看到那些与他不同的观点。因此，合作学习受到建构主义者的广泛重视。这些思想是与维果斯基对于社会交往在儿童心理发展中的作用的重视的思想相一致的。学习者以自己的方式建构对于事物的理解，从而不同的人看到的是事物的不同方面，不存在唯一的标准的理解，通过学习者的合作使理解更加丰富和全面。教学不能无视学习者的已有知识经验，简单强硬地从外部对学习者实施知识的"填灌"，而是应当把学习者原有的知识经验作为新知识的生长点，引导学习者从原有的知识经验中生长新的知识经验。这一思想与维果斯基的"最近发展区"的思想相一致。教学不是知识的传递，而是知识的处理和转换。

教师不单是知识的呈现者，不是知识权威的象征，而应该重视学生自己对各种现象的理解，倾听他们时下的看法，思考他们这些想法的由来，并以此为据，引导学生丰富或调整自己的解释。教学应在教师指导下以学习者为中心，当然，强调学习者的主体作用，也不能忽视教师的主导作用。教师的作用从传统的传递知识的权威转变为学生学习的辅导者，成为学生学习的高级伙伴或合作者。教师是意义建构的帮助者、促进者，而不是知识的提供者和灌输者。学生是学习信息加工的主体，是意义建构的主动者，而不是知识的被动接收者和被灌输的对象。简言之，教师是教学的引导者，并将监控学习和探索的责任由以教师为主转向以学生为主，最终使学生达到独立学习的程度。

第二节　教学原则

教学原则是根据一定的教学目的和任务，遵循对教学本质的认识而制定的教学基本要求，是指导教学活动的一般原理。规律是客观的、第一性的，是不以人们的意志为转移的，人们只能发现它、遵循它，而不能改变它，规律具有反复有效性。教学原则是主观的、第二性的，是依据教学规律制定的。教学原则不是一成不变的，由于各个历史时期教育目的要求、性质的不同，以及随着教育科学的发展，人们对教学规律认识的不断深化，教学实践的不断发展，教学原则也是变化发展的。关于教学原则有许多不同的概括，如有学者提出教学整体性原则、启发性原则、理论联系实际原则、有序性原则、师生协同原则、因材施教原则、积累与熟练原则、反馈调节原则、最优化原则，赞科夫提出高难度进行教学原则、快速度原则、理论知识起指导作用原则、学生理解学习过程原则、使全体学生得到发展的原则，布鲁纳提出动机、结构、序列和反馈原则。

一、科学性与思想性相结合的原则

科学性与思想性相结合的原则是指教师在教学中既要传授文化科学基础知识，又要发展智力，培养能力、情感态度与价值观等，因此教学要保证具有高度的科学性与思想性。在教学活动中贯彻这一原则，对教师有以下要求：其一，保证教学的科学性。其二，教师应发掘教材的思想性。其三，教师要不断提高自己的专业水平和理论修养。

二、理论联系实际的原则

理论联系实际的原则是指在教学中，要做到书本知识与实际知识相结合，学习理论与参加实践相结合，使学生在掌握比较全面的知识的同时，培养其运用知识于实际的能力。联系实际包括：联系学生生活实际；科学知识在生产中的运用实际。学生主要学习理论知识，而且是在相对封闭的学校和课堂通过教师的讲授和书本学习的。这种状况很容易导致学生所获得的理论知识与其来源和去向脱节。因此，在教学中教师必须提供和创造机会，通过多种多样的途径和形式使学生从事实践活动，引导他们体会思想观点、态度信念等的形成对于解决实际问题的价值意义。这一原则是为了解决和防止理论脱离实际、书本脱离现实问题而提出的。

在教学活动中贯彻这一原则，对教师有以下要求。其一，加强基本理论和基础知识的教学。正确处理好书本知识和现实生活实际的关系，关键在于保证理论知识的主导作用。同时在理论知识指导下，使学生从事各种实际活动。教学的主要任务是传授和学习理论知识。基础理论知识反映了自然界、社会和人类思维发展的最普遍的规律，对实践具有广泛的适应性和指导作用。实际是相对理论而言的，如果没有理论，联系实际就降低到了儿童自然生活的水平，失去了学校教育的优势和意义。要在理论的指导下把教学和生活、间接经验和直接经验、观点和材料结合起来。其二，根据学科内容、教学目标及学生特点，采取有效方式恰当地联系实际。结合教材的系统学习，恰当地联系社会主义具体实际，使学生了解所学理论知识的实际意义，帮助他们获得必要的直接经验和事实材料，以便他们更好地掌握书本知识和间接经验。其三，重视对学生基本技能、技巧的培养。创造多种多样的活动形式，使学生把知识运用于实践，如练习、实验、实习、参加一定的生产劳动和社会活动，学会读、写、算及其他一些学习的和劳动的基本技能，学会独立地、创造性地运用知识。

三、直观性原则

直观性原则是指在教学过程中，教师应尽量调动学生的多种感官，利用学生已有的经验，通过各种形式的感知，丰富学生的直接经验，增强他们的感性认识，让学生获得生动的表象，从而比较全面、深刻地掌握知识。

一般地说，直观的具体手段有以下三种。其一，实物直观。实物直观是通过实物进行的，直接将对象呈现在学生面前。其二，模象直观。模象直观是运用各种手段对实物的模拟，包括图片、图表、模型、幻灯、录音、录像、电影、电视等。实物直观虽然具有真实、有效的特点，但往往由于受到实际条件的限制而无法使用；模象直观则能够有效地弥补实物直观的缺憾，特别是现代技术在教育领域的应用，使得模象直观的范围更加广阔，大到宇宙天体，小到分子结构，都能够借助某种技术手段达到直观的效果。其三，语言直观。语言直观是教师运用自己的语言、借助学生已有的知识经验进行比喻描述，引起学生的感性认识，达到直观的效果。与前两种直观相比，语言直观可以最大限度地摆脱时间、空间、物质条件的限制，是最为便利和最为经济的教学手段。

在教学中贯彻直观性教学原则，对于教师有以下基本要求。其一，恰当地选择直观手段。学科不同，教学任务不同，学生年龄特征不同，所需要的直观手段也不同。其二，直观是手段而不是目的。一般地说，在教学内容对于学生比较生疏，学生在理解和掌握上遇到困难或障碍时，才需要教师运用直观手段。不能为直观而直观。其三，在直观的基础上提高学生的认识。直观给予学生的是感性经验，而教学的根本任务在于让学生掌握理论知识，因此教师应当在运用直观时注意指导，比如通过提问和解释鼓励学生细致深入地观察，启发学生区分主、次、轻、重，引导学生思考现象和本质及原因和结果等。

四、循序渐进原则

基本含义：按照学科的课程体系和学生的认知发展顺序进行教学，使学生系统地掌握基础知识和基本技能，养成系统、周密的思维能力。"序"包括学科的课程体系、学生的认知顺序及学生的发展顺序。一般来说，学科课程体系和学生认知发展规律是最主要的，教学活动的顺序必须以这两方面为依据，按照这两方面的要求持续、连贯地进行。

同时，教师也要了解作为课程基础的科学理论本身的发展变化，从而能够更自觉地安排、处理教学，使教学活动的顺序更加科学、合理。

在教学中贯彻这一原则，对教师有以下要求。其一，按照教学大纲（课程标准）的顺序教学。教学大纲（课程标准）是各门课程的内在逻辑系统的反映，并且建立在小学生发展一般规律之上，各种教材均是以此为依据编写的，教学活动从根本上是按照教学大纲（课程标准）的顺序展开的。教师要认真学习和研究教学大纲（课程标准），充分了解和掌握课程的逻辑以及对学生的要求，这是教学系统性的根本保证。其二，教学必须由近及远、由浅入深、由简到繁。教学大纲（课程标准）虽然考虑了学生的认识发展，但主要是按照内容编排、制定的，因此教师要针对学生在学习过程中的认识需要和特点处理好近与远、浅与深、简与繁等问题。其三，根据具体情况进行调整。系统性原则并非要求教师刻板、僵化地执行大纲。教学大纲（课程标准）是按照一般和普遍规律制定的，在实际教学中，不同地区、学校、学生的情况有很大差异。在基本服从大纲顺序的前提下，教师要善于从自己面对的实际出发，适当地调整速度，增删内容。

五、启发性原则

孔子提倡启发性原则。《论语》中写道："不愤不启，不悱不发。"（愤：心求通而未得之意。悱：口欲言而未其貌。启：开意。发：达辞。）启发性原则要求教师在教学中充分调动学生学习的主动性，引导他们生动活泼地学习，并经过他们独立思考，融会贯通地掌握知识，培养分析问题、解决问题的能力。

贯彻这一原则要求教师做到以下几点。其一，教师要充分发挥主导作用，积极组织好启发性的教学过程。如备课时要深入钻研教材，抓住重点、难点、关键点；教学中要突出重点，突破难点，进行启发诱导。其二，充分调动学生学习的自觉性、思维的积极性。教师的启发应当能够激起学生紧张、活泼的智力活动，从而使学生深刻地理解掌握知识，获得多方面的体验和锻炼发展。因此，启发应当选择那些具有一定难度、需要学生进行比较的复杂的思维活动，但是他们又通过自觉、积极的思考能够得到基本正确结果的问题来进行。简单的事实和记忆性的知识，即使顺利地"启发"出结果，价值也是有限的。其三，发扬教学民主，建立民主、和谐的师生关系，形成团结、融洽的课堂教学氛围。在权威式的师生关系中，教师是凌驾于学生之上的真理代言人和学术权威，学生很难真正做到自由地、充分地提问和思考。只有当学生真正感受到教师将自己当作人格上与之完全平等的人，他们的学习自觉性才可能真正地调动起来。

六、因材施教原则

因材施教原则是指教师要从学生的实际情况、个体差异出发，有的放矢地进行有差别的教学，使每个学生都能扬长避短，获得最佳发展。这一原则是为了处理好集体教学与个别教学、统一要求与尊重学生个别差异问题而提出的。由于遗传素质、家庭环境和个人成长经历的不同，在同一班级中的小学生，虽然有着共同的年龄特征，但是在学习的成绩、学习态度和方法、兴趣和爱好、气质和性格、禀赋和潜能方面都会存在很大的差异。教师是对由个性完全不同的学生组成的集体进行教学，因此因材施教要适应每个学生的不同需要及可能进行有针对性的教育。孔子的教学实践就为后人提供了这方面的典范，朱熹总结孔子的教学经验说："夫子教人，各因其材。"

七、巩固性原则

巩固性原则是指教学要引导学生在理解的基础上牢固地掌握知识和技能，使这些知识和技能长久地保持在记忆中，并能根据需要迅速再现出来，有利于知识、技能的运用。在教学中需要进行不断的巩固工作，通过练习、复习帮助学生牢固地掌握所学知识。孔子说的"学而时习之""温故而知新"，强调了巩固对于学习的重要价值。

贯彻这一原则要求教师做到以下几点。其一，在理解的基础上巩固。对于所学知识的理解是巩固的前提，没有学会的东西是不可能真正巩固的。教师首先应当保证学生学会，才有可能获得巩固的良好效果。其二，保证巩固的科学性。心理学研究揭示了关于记忆和遗忘的一些规律，按照这些规律组织安排巩固，可以提高巩固的效率。其三，巩固的具体方式要多样化。除了常见的各种书面作业外，教师应当善于利用各种不同的方式帮助学生巩固所学知识，比如调查、制作、实践等，都能够使学生通过将知识运用于实际有效地达到巩固的目的，并且能够促进学生多方面的发展。

第三节　教学方法

一、教学方法的含义与类型

1. 教学方法的含义

教学方法是为实现既定的教学任务，师生共同活动所采用方式、手段、办法的总称，是教学策略的具体化。教学策略是为了达成教学目的，完成教学任务，而在对教学活动清晰认识的基础上，有针对性地选择与组合相关的教学内容、教学组织形式、教学方法和技术，对教学活动进行调节和控制的一系列执行过程。人们常说"教学有法，但无定法"，重要的是要依据多方面条件，使各种方法合理地组合，因此，选择、运用教学方法是一种创造性活动，也是一种教学艺术。而教学模式是在一定的教学理论或教学思想指导下建立起来的关于各类教学活动的基本结构或框架，它是对各种教学策略与方法的组合应用。

2. 教学方法的类型

教学方法一般分为四大类型九种方法：①以语言传递为主的方法，包括讲授法、谈话法、讨论法、学习指导法等；②以直接知觉为主的方法，包括演示法、参观法等；③实际训练为主的方法，包括练习法、实验法等；④以陶冶为主的方法，包括情境教学法等。

二、中学常用的教学方法

下面我们按类别介绍一些主要的教学方法以供教师在教学中选用。

1. 讲授法

这是以传授系统知识为主要目的，以语言（口头语言和黑板语汇）为主要媒介，以"传递—接受"为主要模式的教学方法。讲授法主要包括讲述、讲解、讲演、讲读四种方式。对于每一个概念，教师都须逐字逐句地给学生分析、讲解，不要求学生死记硬背，但要学生牢固掌握"要点"，从本质上理解概念的含义。讲授法是一种历史较悠久、使用范围较广、效果较好的教学方法。这种教学方法的优点是学生接收到的教学内容科学性、系统性、思想性较强，且学生能在较短的时间内获得大量的系统知识。其缺点是单向的"传递—接受"模式不利于学生的积极参与，学生主观能动性的发挥受到限制。比如"垂直平分线"的概念，教材上是这样定义的，"垂直于一条线段并且平分这条线段的直线，叫这条线段的垂直平分线，或叫中垂线"。这个定义有四个要点"垂直""平分""线段""直线"，缺一不可，让学生用黑点标出，并提问：这个概念若删去平分可以吗？删去垂直呢？将线段改成直线可以吗？为什么？

教师运用讲授法时，应当注意以下几点。①保证讲授内容的科学性和思想性。教师讲授的概念、原理、事实、观点必须是正确的，这就要求教师认真备课和教学。②讲授要做到条理清楚、重点分明。讲授逻辑清楚，学生才能够理解清楚。③讲究语言艺术。教师的语言水平直接决定着讲授法的效果，因此必须不断注重和提高自己的语言修养。首先要做到语言清晰、准确、精练，既逻辑严密又清楚明白；其次，要努力做到生动形象、富于感染力，这对于小学生尤其重要；还应当注意语音的高低、语速的快慢，讲究抑扬顿挫。④注意与其他教学方法配合使用。学生的注意时间有限，在整节课中完全采用讲授法很难取得良好效果，教师应当善于将讲授法与其他教学方法和手段交叉替换使用，避免学生因长时间听讲出现疲劳和注意涣散的现象。

2. 谈话法

这是以学习新知识、巩固旧知识或检验已有知识为主要目的，以问答、对话的双向交流为主要模式的教学方法。谈话法包括以下具体教学方式：教师在学生已有知识的基础上，激发学生探索新知的欲望的启发式谈话；教师提出问题，要求学生通过积极思考，用已有知识去解决未知的导引式谈话；教师以问题来检验学生是否掌握已有知识，并以此来复习、巩固旧知的测试 —— 巩固性谈话；教师引导学生积极思考，让学生用自己能理解的话对所学过的内容进行归纳、概括的总结式谈话。谈话法能使师生双方的主动性、积极性得到较充分发挥，学生注意力集中，兴趣较高，思维能力、表达能力和运用知识能力都能得到培养。

教师运用谈话法，应当注意以下几点。

其一，做好充分的准备。围绕什么内容进行谈话？提出哪些问题？提问哪些学生？以及学生可能做出什么样的回答？怎样通过进一步的提问引导学生？等等。教师都应当在事前周密考虑和安排。

其二，谈话要面向全体学生。尽管谈话只能在教师与个别学生之间进行，但教师还是可以通过努力吸引所有的学生。谈话的内容应当是能够引起全体学生注意的、在教学中具有普遍性和重要性的问题。教师应当尽可能使谈话对象有代表性，比如选择不同层次的学生。在谈话时适时加以适当的解释、说明作为补充。

其三，在谈话结束时进行总结。在谈话中学生的理解和掌握往往表达得不够准确、精练，因此在谈话的最后阶段，教师应当用规范和科学的表述对学生通过谈话所获得的知识加以概括、总结，从而强化他们的收获。

3. 讨论法

小组讨论法和班集体讨论法是指学生在教师指导下，围绕教师提出的问题，以小组或班级为单位，互相启发、积极思维、热烈讨论、各抒己见，以求弄懂问题、解决问题的教学方法。这种方法既有助于调动学生的学习兴趣，活跃教学气氛又有助于培养学生的积极思维能力和口头表达能力。

教师运用讨论法，应当注意以下几点。

其一，选好讨论内容。首先，要选择那些有讨论价值的内容，一般来说，讨论内容应当是教学内容中比较重要的事实、概念、原理等。其次，要选择难度恰当的内容，一般来说，过于简单或过于复杂的内容都不适当，前者难以激起学生的学习热情，后者则容易挫伤学生的积极性。

其二，肯定学生各种意见的价值。对于未知的东西，任何意见都是有价值的。学生总是从自己的逻辑出发去理解和思考问题，因此各种不同意见尽管可能离正确答案相去甚远，但却最真实地反映了学生的想法。教师不应当"裁判"，急于指出各种意见正确或错误，而要让学生畅所欲言，通过充分的讨论，理解什么是对、什么是错，以及为什么对、为什么错。

其三，善于引导。教师应当在学生讨论时全面巡视、注意倾听，善于捕捉讨论中反映出来的问题。在讨论遇到障碍、深入不下去时教师要适当点拨，在讨论脱离主题时加以提醒，在讨论结束时帮助学生整理结论和答案，等等。这些对于讨论法的运用都是必不可少的。

4. 读书指导法

这是教师指导学生通过自学教材和参考资料获得知识的教学方法。它对培养学生的自学能力等有重要作用。指导学生阅读教材的方法有：预习；根据教科书问答；比较教材和教师讲授的内容；编制阅读提纲。指导学生阅读参考书籍的要求有：帮助学生选择阅读参考书籍；对学生进行学习方法的指导；帮助学生制订课外阅读计划。

5. 演示法

这是以学生获得感性知识，印证、说明科学原理、科学知识为目的，以实物、教具为主要媒介，以"展现（实物、现象）— 感知对象"为主要模式的教学方式的总称。演示的方式有很多：实物演示，如实物、标本演示；模象演示，如图表、模型、教学电影、幻灯、录像等；操作性演示，如计算机、实验演示等。演示法通过直观性教学进行，它对调动学生学习兴趣，发展学生感知、观察、理解、操作、联想能力，降低教材难度有较重要作用。如有位教师演示导管功能，他事先把带叶的枝条插入红色的溶液中，放在温暖且有阳光的地方晒几个小时。上课时，将枝条一段一段剪下来，分到学生手中。他一边讲，一边提问；学生一边剥，一边观察、思考、回答。他们观察到枝条的皮没有红，中间的髓也没有红，而是木质部变红了。学生看了书很快就明白了其中的原因：木质部有导管，能输送红色溶液。有的同学还看到了叶子也变红了。这样，学生就搞清了导管输导水和无机盐的功能。

6. 参观法

参观法是指学生在教师的组织、指导下，根据教学目的，以获得感性知识、发展学生能力为目的，以现场（实地、实境、实例）观察、访问为主要途径的教学方法。参观法一般分为三类：学生学习新知识前的预备性参观、学习新知识过程中的并行性参观，以及学习新知识后的总结性参观。

7. 练习法

练习法是指学生在教师指导下，以巩固知识、掌握技能为目的，以效率、速度、正确率为指标，以反复操作、训练为手段的教学方法。练习法可分为两类：动作技能练习，如体操技能、打字技能、上机（电子计算机）技能等；心智技能练习，如阅读、写作、速算、作图、解题等技能练习。

教师运用练习法，应当注意以下几点。①明确练习的目的和要求。要让学生知道为什么进行练习，怎样才是达到了练习的要求，使学生的练习具有目的性和自觉性，避免练习的盲目性和机械性。②指导正确的练习方法。教师要在练习之前讲解和示范正确的练习方法，并且保证学生能基本掌握，以便提高练习的效果。③合理安排练习步骤。教师应当使练习有计划地进行，循序渐进。④科学掌握练习量。技能技巧的练习需要一定的练习量，但并不是越多越好，超过学生承受能力的练习会导致适得其反的结果。教师要根据中、小学生的身心发展特点来确定练习量。此外，一般来说，分散练习比过于集中的练习效果更好，将某种练习分成时间较短的几次完成要比一次性安排更为科学。⑤及时给予学生反馈。要使学生及时知道练习的结果，以便纠正错误和巩固成绩。⑥练习方式要多样化。要防止单一、重复的练习方式，根据教学任务和学生实际，将口头的与书面的、记忆的与操作的、课内的与课外的等不同方式结合使用。采取多样化的练习方式可以保持学生的兴趣和注意力，提高练习的效果。

8. 实验法

实验法是指学生在教师指导下，以验证所学知识或获得直接知识为主要目的，以运用一定的仪器设备进行独立操作为主要途径的教学方法。实验法一般分为学习新知识之前的准备性实验，学习新知识过程中的验证性实验，学习新知识之后的巩固性实验，探索未知的创造性实验四类。

9. 实习作业法

实习作业法是根据课程标准的要求，在校内、外组织学生进行实际操作，把书本知识运用于实践的教学方法。旨在培养学生运用书本知识进行实际工作的能力。

三、教学方法的选择与应用

在实际工作中至关重要的是如何依据不同情况，从众多的教学方法之中进行较合理、较优化的选择。

（一）教学方法选择的标准

教育学、教学论的教科书中一般提到的教学方法的选择标准主要有教学目标、教材特点、学生的年龄特征。巴班斯基在此基础上，提出了更为具体的标准：①方法必须符合教学原则；②符合教学目的和任务；③符合该专题的内容；④符合学生的学习可能性——年龄的（生理的、心理的）可能性，知识水平（教养、教育和发展水平），班集体的特点；⑤符合现有的条件和所规定的教学时间；⑥符合教师本身的可能性，这种可能性取决于他们以前的经验、理论修养和实际修养的水平、教师个人的品质等。

上述的标准无疑是正确的。下面，我们从系统论的角度将选择教学方法的标准归纳为以下两个方面。

其一，有利于形成最佳教学方法的系统结构。教学方法的系统结构是指系统内部各要素统一组合的秩序和方式。因此，它不是单一的某种教学方法，而是各种教学方法的综合运用，应该注意到被选方法的层次搭配、主次顺序，以及相互补充、互相配合等方面的内容。以上是就各要素的联系而言，在单独考查各个要素时，我们应该看到，教学方法系统的主体是教师和学生，教学方法系统只有在师生共同操作、调控下才能发挥功能。因此，教师、学生与系统内各要素间要相互适应，即每一种方法要素都要符合教师、学生的实际情况，教师、学生在选择时，要选择适合自己实际状况的各种教学方法。这样，才有利于发挥教师主导作用和调动学生的主观能动作用。

其二，有利于发挥教学方法系统的最佳功能。教学方法系统功能的发挥效果，首先，取决于系统的结构，最佳教学方法系统结构形成后，有利于发挥教学方法系统的最佳功能。其次，取决于系统的环境条件，应该有效地使用教学方法系统的环境条件。需要考虑：①某一教学方法对解决何种教学任务最为有效？②某一教学方法对哪种教材内容最合适？③某一教学方法最适合于哪一类教师、学生？最后，教学方法系统的最佳功能的发挥还取决于自身的控制、调节能力。

（二）教学方法的选择程序

巴班斯基在提出教学方法选择标准的同时，又提出了选择程序的问题。为此，他专门设计了"选择教学方法的最优结合方案的练习"。巴班斯基的研究给我们提供了有益的启示。按照本书的分类，我们认为教学方法的选择程序可以考虑以下六步。

第一步，决定是选择由学生独立地学习该课题的方法，还是选择在教师指导下学习材料的方法；第二步，决定是选择再现法，还是选择探索法；第三步，决定是选择归纳法，还是演绎法；第四步，决定关于选择口述法、直观法和实操法的如何结合问题；第五步，决定关于选择激发学生学习活动的方法问题；第六步，决定关于选择检查与自我检查的方法问题；第七步，认真考虑各种方法相结合的方案，以防止由于完成作业和复习已学过的材料的结果而发现学生学业程度上可能有的偏差。

教师如能充分考虑选择教学方法的依据和选择的程序，可使教学方法与教学内容、教学方法与教学对象的特点、教学方法与教学条件，以各种不同的方式较好地结合起来，或称最优结合。教学方法的最优化，主要指上述几方面的最优结合。

第四节　教学组织形式

一、教学组织形式的含义

教学组织形式是指为完成特定的教学任务，教师和学生按一定要求组合起来进行活动的结构。教学组织形式的特点有以下四个方面。第一，从表现于外部的特点来看，教师和学生都参与或形成了特定的组合形式；第二，师生的活动必须适应一定的时空条件，并形成一定的"搭配""组合"关系；第三，教师和学生以这种程序和"搭配"关系共同活动，直接或间接地相互作用；第四，在这种相互作用中，包括了教学内容、教学方法、教学手段和教学程序、步骤在时间和空间上的集结或综合。

教学组织形式不是固定不变的。随着社会政治、经济、科学、文化的发展及培养人才要求的不断提高，教学组织形式也将不断发展和改进。我们应全面掌握各种教学组织形式的性质和功能，综合加以应用，使之有主有辅地结合起来，更好地发挥作用，改进教学。

二、教学组织形式变革与发展历程

从产生时间上来看，教学组织形式经历了以个别化教学为主的阶段、以班级授课制为主的阶段、以改造和完善班级授课制为主的阶段。

（一）以个别化教学为主的阶段

在古代农业社会，教育教学的主要形式是个别教学。教师向学生传授知识，布置、检查、批改作业都是个别进行，即教师一个一个轮流教学生，教师在教某个学生时，其余学生均按教师要求复习或写作业。这是出现最早的教学组织模式。如在汉代就采用过大班上课和高徒相传的形式，但是这时的教学与班级授课有本质的区别，它没有严格的组织，同时学习的学生年龄相差悬殊。这种教学组织形式只能适合当时学生不多且教学内容比较简单的教学要求，教学效率不高。这种教学组织形式是当时低下的生产力水平和科学技术水平的一种反映。

（二）以班级授课制为主的阶段

早在 16 世纪，西欧就出现了班级授课制的萌芽。17 世纪，夸美纽斯总结了捷克兄弟会学校的教育经验和自己的教学实践，提出了班级授课制，并最早在理论上进行了阐述，为班级教学奠定了理论和实践基础。由于这种教学组织理论提高了教学效率，因而逐渐为各国采用。

（三）以改造和完善班级授课制为主的阶段

虽然班级授课制提高了教学效率，但班级授课制的缺点也是十分明显的。从 19 世纪初直至今日，对班级授课制的改造和完善仍在不断研究中。下面是几种有代表性的教学组织形式。

贝尔·兰卡斯特制。19 世纪贝尔和兰卡斯特创立导生制，又名"导生制贝尔·兰卡斯特制"，其具体做法是：教师不教全体学生，只传授给其中一部分年龄较大的学生 —— 导生，再由他们向其他学生传授。

道尔顿制。柏克赫斯特创建了一种新的教学组织形式，人们称之为"道尔顿制"。按照道尔顿制，教师不在上课时向学生系统讲授教材知识，而只为学生分别指定自学参考书、布置作业，由学生自学或独立作业，有疑难时才请教师辅导，学生完成一定阶段的学习任务后向教师汇报学习情况和接受考查。由于每个学生能力和志趣不同，他们的学习任务各不相同，甚至彼此不相干；教师按月布置学习任务，学生完成后再布置新的学习任务。

文纳卡特制。这种教学组织形式将课程分为两部分，一部分按学科进行，由学生自学读、写、算和历史、地理方面的知识和技能，另一部分是通过音乐、艺术、运动、集会以及开办商店、组织自治会来培养学生的"社会意识气"。该形式的特点是：第一，按单元进行学习，各单元都有明确的学习目标和具体的学习内容，并配以小步子的自学教材；第二，每个单元结束后，经测验诊断，然后，接着学习新的单元；第三，教师随时对学生进行个别指导。

分组教学制。为解决班级授课制不易照顾学生个别差异的弊端，19 世纪末 20 世纪初，在西方出现了分组教学制。有能力分组、作业分组、外部分组、内部分组等形式。能力分组是根据学生的能力发展水平进行分组教学，学习的课程相同，但不同组学习年限各不相同。作业分组是根据学生的特点和意愿分组，学习年限相同，但不同组学习的课程不同。内部分组是在按年龄编班的基础上，根据学习能力或学习成绩的差异分组教学，外部分组突破了传统的按年龄分班的做法，按学生能力或成绩的差异，在同一个年级中编成不同的班级，如快班、慢班、重点班、普通班。

特朗普制。其做法是把大班上课、小班讨论、个人自学结合在一起，以灵活的时间单位代替固定统一的上课时间。大班集体教学由优秀教师采用现代化教学手段给几个平行班统一上课。随后的小班课研究讨论大班课上的教材，由 15～20 人组成一个小班，然后由学生个人独立自学、研习、作业。教学时间分配为：大班上课占 40%，小班研究占 20%，个人自学占 40%。

三、教学的基本组织形式

班级授课制是把年龄与知识程度相近的学生编成有固定人数的教学班，教师根据教学计划中统一规定的课程内容和教学时数，按照学校的课程表进行分科教学的一种教学组织形式，它是现代教学的基本组织形式。这是因为它具有其他教学形式无法替代的优点，在提高教学质量和效率方面能发挥重要作用。它的主要优点如下：

（一）有严格的制度保证教学的正常开展和达到一定水平

它在发展过程中形成了一整套严格的制度，如按年级、知识编班分级制度，学年、学期、学周制度；招生、考试、升留级和毕业制度、作息制度等，使教学制度化、规范化和科学化，保证教学活动周而复始地正常运转并达到一定水平。

（二）以课为单位进行教学比较科学

每节课 45 分钟，完成一定量的知识技能教学；上完一节课后，略作休息，再进行下一节课，劳逸结合。这样，教学工作便能连续、有节奏地进行下去，符合学生身心发展规律和认识规律，保证学生能精力旺盛地开展学习。特别是随着课的类型日益多样化及其功能的不断完善，只要善于选择与运用多种课的类型就能有效地进行教学。

（三）便于系统地传授各科知识

班级授课制能以周课表方式科学地安排各科教学，使各科教学有条不紊地交错进行，确保学生循序渐进地学习各科系统的科学知识，完成预定的教学计划。

（四）能够充分发挥教师的主导作用

各国的教学实践反复证明，迄今为止最能充分发挥教师主导作用的仍是班级授课制。实际上，它就是为充分发挥教师的主导作用、最大限度地提高工作效率和使各科教师协调一致对学生进行教学而组织起来，并不断得到改进和完善的。班级授课制通过发挥教师的主导作用，不仅能够使学生有效地掌握系统的科学知识与技能，而且能通过因材施教、个别指导和学生的独立作业以弥补其难以照顾学生个体差异的不足。

班级授课制的缺点主要有两方面：其一，不能很好地满足学生个性化的学习需要。班级授课制为学生准备了统一的教学进度表、统一的评价标准、统一的课程内容，这种集中化、同步化和标准化很难顾及学生个性化的需要，学生个体的独立性与自主性受到限制，不利于满足学生的个性化的学习需要。其二，不利于学生创新精神和实践能力的培养。班级授课制使课堂教学形成了比较固定的教学模式和课堂惯例，多实行分科教学，偏重于书本的学习，容易肢解知识的整体性，忽视学生的实践活动，学生的探索机会和实践机会较少，不利于学生创新精神和实践能力的培养。

四、教学的辅助形式 —— 个别辅导与现场教学

（一）个别辅导

个别辅导又称个别教学，是在课堂教学的基础上教师针对不同学生的情况进行个别辅导的教学组织形式。个别辅导一般是在学生已有学习经验的基础上，通过学生的复习、预习和对自己感兴趣的问题的深入学习，发现自己还不明白的问题，然后向老师请教，教师针对学生的具体情况进行个别辅导。

（二）现场教学

学校除了课堂教学之外，还要让学生通过自然或社会实践获得必要的直接经验，验证或运用理论知识，借以开阔眼界，扩大知识，激发学习热情，培养独立工作能力，陶冶品德。这种在自然和社会现实活动中进行教学的组织形式，便是现场教学。

第五节　教学评价

一、教学评价的作用

教学评价是根据一定的教育价值观或教育目标，运用可行的科学手段，通过系统收集信息资料和分析整理，对教学活动、教学过程和教学结果进行价值判断，为提高教学质量提供依据的过程。教学评价具有以下作用：

其一，诊断作用。对教学效果进行评价，可以了解教学各方面的情况，从而判断它的质量和水平、成效和缺陷。全面客观的评价工作不仅能估计学生的成绩在多大程度上实现了教学目标，而且能解释成绩不良的原因，并找出主要原因。可见教学评价如同身体检查，是对教学进行一次严谨的科学的诊断。

其二，激励作用。评价对教师和学生具有监督和强化作用。通过评价反映出教师的教学效果和学生的学习成绩。经验和研究都表明，在一定的限度内，经常进行记录成绩的测验对学生的学习动机具有很大的激发作用，可以有效地推动课堂学习。

其三，调节作用。评价发出的信息可以使师生知道自己的教或学的情况，教师和学生可以根据反馈信息修订计划，调整教学的行为，从而有效的工作以达到所规定的目标。这就是评价所发挥的调节作用。

二、教学评价的类型

教学评价可以分成不同类型，下面介绍几种常见的分类方法。

（一）诊断性评价、形成性评价和终结性评价

按照评价功能不同，可以分为诊断性评价、形成性评价和终结性评价。①诊断性评价是在课程实施之前，为预测学习者已有的认知、情感、技能方面的准备程度而做的评价。目的是掌握学习者的学习基础和学习情况，进一步采取措施以改进方案或为因材施教提供依据。②形成性评价，又称过程性评价，是在计划还在发展或完善过程中实施的评价。在课程实施过程中，利用形成性评价可以了解课程本身的缺陷、学生的学习困难以及教学中出现的各种问题，并以此作为完善课程和提高教学质量的依据。由于它是在课程实施结束之前而不是之后实施的评价，因此，它对课程开发、教与学的作用更加显著。形成性评价关注过程，是面向未来、重在发展的评价。③终结性评价是在计划或产品完成以后实施的评价。它比较注重总体评价，力图表明课程目标和教学目标的实现程度，并对课程的有效性和实施效果进行评价。终结性评价关系到学生名次、班级名次和教师的声誉，所以学生和教师对此比较关注。终结性评价关注结果，是面向过去的评价。

（二）相对评价、绝对评价和个体内差异评价

按照评价参照标准不同，可将教育评价分为相对评价、绝对评价和个体内差异评价。相对评价是指在某一团体中确定一个基准，将团体中的个体与基准进行比较，从而评出其在团体中的相对位置的评价。绝对评价是在评价对象的群体之外，以预先制定的目标为评价基准，将评价对象与之进行比较，确定评价对象达到目标基准绝对位置的评价。个体内差异评价是以评价对象自身某一时期的发展水平为标准，判断其发展状况的评价方法。

（三）定量评价与定性评价

按照评价范式，可以分为定量评价（量化评价）与定性评价（质性评价）。档案袋评价（成长记录袋）是质性评价的典范之一。档案袋评价又称为"学习档案评价"或"学生成长记录袋评价"，是以档案袋为依据对评价对象进行客观、综合的评价，它是20世纪90年代伴随西方"教育评价改革运动"而出现的一种新型质性教育教学评价工具。档案袋评价是指学生在教师的指导下，搜集可以反映学生的努力情况、进步情况、学习成就等一系列学习作品的汇集。其基本成分是学生作品，同时也包括学生对完成作品过程的描述或记录，还包括学生本人、教师、同伴和家长对作品的评价。它展示了学生在某一时间段、某一领域技能的发展。它与传统评价最大的不同在于学生是评价的直接参与者，是选择档案袋内容的决策者，档案袋评价给学生提供了一个学习机会，并使他们学会自己判断自己的进步，拥有判断自己学习质量和进步的机会。特别是在使用某些档案袋类型，如精选型档案袋或过程型档案袋时，学生成了所提交作品质量和价值的最终仲裁者。而考虑档案袋体系开发时，要特别重视学生的自我反思和自我评定。

三、教学评价的原则

（一）客观性原则

客观性原则是指在进行教学评价时，从测量的标准和方法到评价者所持有的态度，特别是最终的评价结果，都应该符合客观实际，不能主观臆断或参与个人情感。因为教学评价的目的在于给学生的学和教师的教以客观的价值判断，如果缺乏客观性就失去了意义，因此而导致教学决策的错误。

（二）整体性原则

整体性原则是指在进行教学评价时，要对组成教学活动的各方面做多角度、全方位的评价，而不能以点代面，一概而论。由于教学系统的复杂性和教学任务的多样化，使得教学质量往往从不同的侧面反映出来，表现为一个由多因素组成的综合体。因此，为了反映真实的教学效果，必须把定性评价和定量评价综合起来，使其相互参照，以求全面、准确地判断评价客体的实际效果，但同时要把握主次，区分轻重，抓住主要的矛盾。

（三）指导性原则

指导性原则是指在进行教学评价时，不能就事论事，而是要把评价和指导结合起来，要对评价的结果进行认真分析，从不同的角度找出因果关系，确认产生的原因，并通过及时的、具体的启发性的信息反馈，使被评价者明确今后的努力方向。

（四）科学性原则

这条原则是指在进行教学评价时，要从教与学相统一的角度出发，以教学目标体系为依据，确定合理的统一的评价标准，认真编制、预试、修订评价工具。在此基础上，使用先进的测量手段和统计方法，依据科学的评价程序和方法，对获得的各种数据进行严格的处理，而不是依靠经验和直觉进行主观判断。

（五）发展性原则

教学评价是鼓励师生、促进教学的手段，因此教学评价应着眼于学生的学习进步和动态发展，着眼于教师的教学改进和能力提高，以调动师生的积极性，提高教学质量。

四、教学评价的内容与方法

（一）学生学业评价

根据目标分类方法，学习活动可分为认知、情感、技能活动三类。当代心理学家将知识分为陈述性、程序性和策略性三类。学生的认知学习主要指对知识的理解、掌握和应用。对认知学习的评价一般可以采用测验、实验、行为观察、评定等方法，其中测验是使用最多、最经常和最便利的，与其他评价方式相比，其结果较为客观。要确保测验达到应有效果，就必须做好测验的编制工作。有效测验编制的基本标准（要素）如下。

①信度，是指在使用同一试卷对考生重复测验，或使用两种平行试卷对考生测验时，所得测验分数的一致性和稳定性程度。②效度，是指考试有效性或正确性的质量指标。考试效度反映的是考试是否达到它的预定目的，是否考了要考的内容。③难度，指试卷（题）的难易程度。一般用试卷（题）的得分率或答对率表示，所以难度事实上是容易度或通过率。其值在 0 ~ 1 之间，数值越大，说明试卷（题）越容易。④区分度，是指试题对不同考生知识、能力水平的鉴别程度。如果一个题目的测试结果使水平高的考生答对（得高分），而水平较低的考生答错（得低分），它的区分度就高。题目的区分度反映了试题区分能力的高低。一般认为，区分度的数值达到 0.3，便可以接受；低于 0.3 的，区分度低。

测验编制的过程。首先，要确立测验目标，搞清楚是用于诊断教学还是选择人才等。其次，要明确具体的测验目标，测量试题的取样应能准确反映教学内容和教学目标，既能覆盖教材的全部内容，又能反映各部分内容在教材中的相对比重。再次，精心编制双向细目表。《教育目标分类学》认知部分是分析、确定各科教育测量目标的基础。布卢姆将认知领域的教学目标分为知识、理解、应用、分析、综合、评价六个层次，在我国，很多人对此做了改造，将之分为识记、理解、应用、分析、综合五个层次。双向细目表就是一种考查目标（能力）和考查内容之间的关联表。最后，根据双向细目表拟定测验题目，编制试卷，实施测验。

有关学生情感学习和技能学习的评价因素还不成熟，在当前我国教育、教学评价中实施，还存在一定难度，并受一定条件限制，在此不再陈述。

（二）学生品德评价

操行评定法是中、小学使用最广泛的一种品德评价法。操行评定法是根据一定的标准，通过平时对被评价者的观察和了解，用书面语言的形式对学生的品德发展状况所做的比较全面的评价方法。现行对操行评定法的改革主要集中于评语的内容与表述方面。在我国，对学生的操行评定曾有过千篇一律与过于赏识的偏向，针对目前评语中存在的问题，如评语缺乏个性、语言贫乏流于俗套且不亲切、重视结果不注重教育性等，许多学校已进行了改革，如烟台和青岛等地实施鼓励性评价，华东师范大学教育系和无锡小学提出并实施的教育性评语，等等。总体而言，评价者在书写评语时应注意：要全面了解学生，既要了解学生的行为状况，又要了解学生的品德发展需要和发展规律；要增强评语的规范性，即应适当界定评语的基本项目和指标，给学生提供一定的信息量，区分不同阶段的评语功能，如学年、学期评语主要强调针对性、激励性、发展性；增强评语的情感色彩，尽可能多地使用鼓励性语言，但也要实事求是。

（三）学生综合素质评价

《国家中长期教育改革和发展规划纲要》中指出："全面提高普通高中学生综合素质。深入推进课程改革，全面落实课程方案，保证学生全面完成国家规定的文理等各门课程的学习。创造条件开设丰富多彩的选修课，提高课程的选择性，促进学生全面而有个性的发展。积极开展研究性学习、社区服务和社会实践。建立科学的教育质量评价体系，全面实施高中学业水平考试和综合素质评价。建立学生发展指导制度，加强对学生的理想、心理、学业等多方面的指导。"《关于基础教育课程改革实验区初中毕业考试与普通高中招生制度改革的指导意见》，首次明确使用了"综合素质评价"这一提法，主要包括道德品质、公民素养、学习能力、交流与合作、运动与健康、审美与表现六个维度的内容。学生综合素质评价主要着眼于学生的成长过程和整体表现，既要反映德、智、体、美等方面的综合素质，又要彰显学生的个性、特长和发展潜能。因此，学生综合素质评价主要采用学生自评和他评相结合的方式，重视形成性评价和终结性评价相结合，评价结果由等级和写实性文字描述予以表达，辅以实证材料。其目的是要改变以往学生评价过于强调甄别和选拔功能，评价方法单一，只重视结果、学业成绩，忽视评价过程、学生个体差异和全面发展等问题。坚持以发展的眼光看待学生，将评价过程变为教育与指导的过程，有效实现学生评价的导向、激励和发展功能。

第四章 中学教育活动与管理

第一节　班集体的建设与管理

一、班集体及其发展

（一）班级组织与班集体

1. 班级组织

班级组织是随着班级教学的产生而形成的。中世纪末期，由于社会生产的发展与社会生活的进步要求更多的人接受教育，客观上要求扩大教育规模。在这种情况下，原来与小农经济和小生产方式相适应的个别教学显然不能满足社会发展对教育的新需求，再加上科学技术的发展也需要教学有比较固定的结构与模式，班级授课制便应运而生，并逐渐成为学校教学的主要形式和师生从事教育活动、学校管理活动的基本单位。据有关资料记载，班级授课制最早产生于 15 世纪的西欧。当时的一些教会学校、古典中学首先采用了班级教学的形式，即教育者把年龄相仿、知识经验相近的学生组织起来进行施教。这种学生群体就是最早的班级组织。

17 世纪的捷克教育家夸美纽斯在其著作《大教学论》中对班级授课制的特点和应用进行了总结和论证。他提出"一个教师同时教很多学生是可能的"的假设，为班级组织的建立奠定了理论基础。从世界范围看，对班级组织的确立与推广产生重要推动作用的当数 19 世纪初在英国出现的导生制。德国教育家赫尔巴特提出的形式日益规范，前苏联教育家凯洛夫又进一步提出了分科课程论、教师主导论和课堂教学的原则、环节等，构筑了班级组织的教学论模式。

任何组织的组成都有某种规定，对于其成员也有某种要求。这种规定和要求主要表现在成员特质、规模、规范和时限等若干方面。就班级组织而言，其目标是促进学生的全面发展。学校班级管理与工厂、企业管理不同之处在于，其管理是"人—人"的关系，管理的成效体现在学生身心发展的状况上。由此决定了班级组织管理过程必须服从培养人这一目标，与教育过程有机配合，致力于创设一个优化的微观社会环境，进而使班级成员的潜能得到充分发展；在人员特质上，构成某一特定班级的成员在年龄和文化程度上是具有限定性的，即生理、心理发展水平大致相近，知识起点水平大致相同；在规模和人数上，每一班级学生人数大体上是固定的——在接受某一类型教育的过程中（除特殊原因外）一个班的学生人数是相对稳定的；在规范和秩序上，班级有严格的规章制度，并且各种规范和秩序是基本稳定的；在时限上，班级组成时间多规定为有年限，通常是某一阶段教育任务的从开始到完成。

2. 班集体

班集体不是一群学生的偶然汇合，也不是形成班级就必然成为班集体，而是由目的一致、行动一致而结合起来的，有一定的组织机构和一定的组织纪律，有坚强核心和健康舆论，全面完成教育、教学任务的群体。可以说，班集体是班级群体发展的最高、最完善阶段，相对班级组织概念而言，班集体更具有群体性特征。

集体是为实现共同奋斗目标而组织在一起的，具有严明的组织纪律、规章制度和共同心理倾向的群体。班集体是由整个班级组成，以完成学校教育任务为共同目标，有一定组织机构、规章制度的学生共同体。有作为集体有机整体的行为与特征，不是班级个别学生的总和，是班级群体发展的高级形式。

"班集体"这个概念最初是由前苏联教育家马卡连柯、苏霍姆林斯基等在对班集体教育进行的研究和实践基础上形成的集体教育理论而提出的，认为班集体是一个儿童处于经常的、紧密的联系之中的基层集体，它是学生的最为稳固、持久的统一体。马卡连柯认为：集体是具有一定目的的个体集合体，参加这一集体的每个人都是被组织起来，同时也拥有集体的机构。凡是有集体组织的地方，那里就有集体的机构，那里就有受集体委托的那些全权代表人的组织存在。

班集体不是自发形成的，也不是从班级组建起就一下子形成的，它的形成和发展要经历几个既相联系又相区别的阶段。在班集体形成发展的不同阶段，由于特点的不同，采取的教育和培养的手段和方式也有所不同。一般将班集体的形成分为以下四个阶段。

（1）松散期

这时，班级从组织上建立起来了，但学生之间互不了解，交流少；班级规范不健全，偏离规范的行为较突出，这时集体对班主任有较大的依赖性，不能离开他的监督独立地执行他的要求，班级的核心和动力是班级的组织者——主任，学生以服从教师为主，班级缺乏吸引力。在此阶段班主任的主要任务是建立班级规范，开展活动促进学生之间交流，培养初步的集体意识。一般要求班主任必须对学生提出明确的集体目的和应当遵守的制度与要求，并引导学生积极开展活动，促进集体的发展。如果班主任不注意严格要求，班级就可能走向涣散。

（2）凝聚期

随着班级工作的深入开展，学生之间交往增多，师生之间、同学之间有了一定的了解，产生了一定的友谊与信赖，学生中的积极分子不断涌现，班级骨干分子产生；班级的组织与功能比较健全，集体意识开始形成，班级吸引力增强；班级规章制度发挥作用，多数学生行动趋于一致。这时，班集体能够在班主任指导下积极组织和开展班级的工作与活动，班主任的重要工作在于加强班级工作的计划性和组织性，将班级规章制度落实到活动；调整学生人际关系，正确引导小团体；培养集体精神。

（3）形成期

班集体形成的初期。班级凝聚力增强，人际关系不断改善；班级目标日趋完善，个人目标与班级目标逐渐整合；班级规范为学生内化，自律行为较突出；集体归属感、荣誉感较强烈；学生两极分化比较明显。班主任开始从直接领导，指挥班级的活动，逐步过渡到向他们提出建议，由班干部来组织开展集体的工作与活动。班主任的任务在于结合实际制定可行的班级目标；进一步改善师生关系，促进良好班风、学风形成；鼓励学生互助合作，抓好两头带动中间。

（4）优化期

良好班集体形成时期。它的特点是，积极分子队伍壮大，学生普遍关心、热爱班集体，能积极承担集体的工作，参加集体的活动，维护集体的荣誉，形成正确的舆论。这时，班集体已形成，班级组织机构、目标、规章制度已经完善；学生人际关系和谐，良好的班风、学风已经形成；学生主体意识明显，自我教育能力增强。班集体已成为教育的主体，能主动地根据学校和班主任的要求以及班上的情况，自觉地向集体成员提出任务与要求、自主地开展集体活动。班主任的任务在于进一步促进优良班风和传统的形成，培养学生完成各种独立活动的能力，鼓励学生为创建优秀班集体而不断努力。

二、班主任与班集体建设

班主任不仅是班级的组织者、教育者，也是发展中的青少年儿童的精神关怀者，在班集体建设、学生发展和学校各项工作的开展和加强校内外联系等方面扮演着多种角色，行使着多种职能。班主任在具备一名合格教师具有的各种素质前提下，还应具备当代管理者的素质。

（一）班主任的角色

班主任在学校中担当着一种教育管理角色，不仅是班级的组织者、教育者，也是发展中的青少年儿童的精神关怀者。

《中小学班主任工作规定》中对班主任的角色给予了明确定位,具体有以下三个方面。

1. 班主任是中小学日常思想道德教育和学生管理工作的主要实施者

思想道德教育是中小学教育的组成部分,它要通过学校教育的多种途径来进行,包括品德与生活(社会)课、各科教学和班主任工作。由此可见,班主任本身就负有对学生进行思想道德教育的任务,并与专门的品德课和各科教学所进行的思想道德教育不同,是思想品德教育的主要实施者。在品德与生活、品德与社会课程中,学生接受系统的思想道德教育,提高道德认识、培养道德情感、训练道德行为;在语文、数学等各科教学中,学生通过相关学科知识的学习,接受科学态度和价值观的教育;而班主任则是在品德课和各科教学之外的大量时间里,巩固和加强学生在品德课上获得的认识,丰富学生的道德情感体验,引导学生的道德行为,使之养成道德习惯。对中小学生的日常管理除了思想道德指导外,还包括环境管理、学习指导、安全与法规指导和卫生与健康指导、学生评价等。这些工作主要是由班主任负责实施,以确保教学工作的顺利进行和学生的全面发展。

2. 班主任是中小学生健康成长的引导者

班主任在引领中小学生健康成长的过程中负有以下责任:教育的责任,即教育学生学会做人和做事;培养的责任,即创造和利用条件,使学生整体素质得到提高;发现的责任,即挖掘学生发展的潜力,发现学生的兴趣爱好、特殊才能等,使他们能够得到充分的发展;激活的责任,即启动学生的积极意识和进取心,给予学生成功的体验,引发学生产生健康的积极的欲望和需要,最终使他们形成自我教育的要求和能力;夯实的责任,即为学生打下牢固的多个方面的基础。

3. 班主任是中小学生的人生导师

班主任作为学生的人生导师,要在心目中规划每个学生成长的蓝图。中小学生自身的知识经验有限,也尚未形成正确的人生观、世界观和价值观,需要班主任对其人生的发展给予有力的指导。班主任在工作中,凭借自身的知识经验和在学生心目中的威信,帮助学生确定人生目标,规划人生蓝图,帮助学生提高认识水平、分析判断的水平、掌握知识的方法和解答学生所遇到的各种疑惑。

(二)班主任的作用

1. 教育作用

中小学生处于长身体、长知识和形成良好品德的初期,其健康成长离不开教师精心指导,尤其在学生全面发展、能力培养、身心健康方面,班主任发挥着一般学科教师无法取代的作用。这是因为:与学科教师相比,班主任与学生接触的时间相对较长、机会较多,比较了解其特点、成长状况,能针对学生具体情况为其指明努力方向,及时进行各方面的教育,引导学生全面发展。班主任工作时刻关系着、联系着学生,对学生成长负有全面的责任,这就使得班主任的影响具有全面性、深刻性、持久性特点。班主任工作既要对学生进行全方位的品德教育,又要指导学生进行有效的学习;既要关心学生的身心健康，又要对学生进行审美教育；既要在各种有益活动中培养学生能力，还要发展学生的个性；等等。班主任是班级的直接管理者，对每一个学生负有教育的责任，对每一个学生的素质起着重要的作用。在工作中，班主任按照班级工作计划，有目的、有组织地开展多项活动，并借助自己的知识、行为和威信，对学生产生有形的、无形的、多方面的、不同形式的教育影响，激发学生接受对教育的追求，使学生学会做人、学会做事，促进学生健康和谐发展。

2. 组织与指导作用

一个班几十名学生虽有共同发展特征，但又各具特点，而且他们对教育、教学和自身发展有不同的要求和发展的可能性。班主任将学生组织成有效的班集体，既能保证学校各项工作的顺利开展，使每个学生获得教育教学计划所要求的一般发展，又能通过丰富多彩的班级活动，促进不同学生的个性发展。良好的班集体对每个学生的健康发展都有巨大的教育作用，良好的班集体建设需要班级全体学生的参与，但是班集体建设工作是以班主任为核心的一个指挥、执行和监督的系统工程。在这个系统过程中，有直接参与者，是指以班主任为首的班级全体成员，包括班级任课教师和班级学生。班集体建设间接参与者，是指学校有关领导、共青团、少先队、家长委员会等。由于他们对班集体建设的认识、教育方法不同，为了使他们保持工作目标的一致性、教育要求的统一性、教育活动的协调性，共同搞好班集体建设，就需要班主任积极协调，疏通各种有利于班集体建设的渠道，形成合力，努力实现良好班集体的形成。在培养和建设班集体的过程中，班主任既是领导者、教育者，又是组织者、指挥者，在整个班集体建设中，处于核心地位。培养班集体是班主任工作的重要内容，需要班主任做大量深入细致的工作：组织和指导学生确立班集体的奋斗目标，选拔培养班委会干部，培养正确的舆论和良好的班风、学风，指导学生开展多种有意义的教育活动，逐渐确定和巩固学生的主体地位对班集体进行自主管理。

3. 沟通与桥梁作用

中小学生的成长受到多方面因素的影响，班主任的特殊地位决定其是校内外多种教育力量的协调者，是沟通学校、家庭和社会三个方面教育的桥梁。第一，学校虽是学生发展的主导力量，但可能存在教师与学校之间、教师之间、教师与班主任之间、学校各部门之间要求不一致的现象，如何将其统一在学校教育目标之下，需要班主任沟通协调；第二，不同学生受到的家庭影响不同，这些影响不可能完全与学校要求一致，也需要班主任沟通协调；第三，现实生活中的学生受各种社会现象影响，如何沟通学校、家庭、社区，使三者形成教育合力，采取一致措施影响学生，还需要班主任沟通协调。所以，班主任是沟通学校、家庭、社区教育影响的协调者。班主任要明确自己的角色和责任，以自己为纽带构建学校、家庭和社会三个方面力量配合的网络。班主任通过多种方式与家长联系，对家长进行家庭教育的指导，让家长成为班级管理的助手。同时，班主任应积极参与社区工作并给予有力指导。

（三）班主任的职责与内容

根据我国《中小学班主任工作规定》，班主任的职责与任务主要有以下五个方面。

要教育学生，就要了解学生。只有深入细致地了解和研究学生，才能把握住学生的思想脉搏、行为倾向、身心发展水平和趋势，才能从学生实际出发，有的放矢地开展工作，从而收到良好的效果。因此，全面了解和研究学生是有效进行班主任工作的前提和基础，也是班主任的基本功。所以班主任要全面了解班级内每一个学生，深入分析学生思想、心理、学习、生活状况。关心爱护全体学生，平等对待每一个学生，尊重学生人格。采取多种方式与学生沟通，有针对性地进行思想道德教育，促进学生德、智、体、美全面发展。

认真做好班级的日常管理工作，维护班级良好秩序，培养学生的规则意识、责任意识和集体荣誉感，营造民主和谐、团结互助、健康向上的集体氛围。指导班委会和团队工作。

组织、指导开展班会、团队会（日）、文体娱乐、社会实践、春（秋）游等形式多样的班级活动，注重调动学生的积极性和互动性，并做好安全防护工作。

组织做好学生的综合素质评价工作，指导学生认真记载成长记录，实事求是地评定学生操行，向学校提出奖惩建议。

经常与任课教师和其他教职员工沟通，主动与学生家长、学生所在社区联系，努力形成教育合力。

（四）班主任的素质要求

1. 业务素质

班主任作为一名专业化的教师和管理者，其业务素质主要包括教学科研业务素质和管理业务素质。具体包括：合理的知识结构、多方面的能力结构、良好的个性素养和开拓创新的教育管理观念。只有具备了这些方面的业务素质，班主任才能有效进行创造性的班级管理。

班主任的知识结构。教师的专业知识包含三个方面，具有复合型的特征。因此，班主任首先作为一名专业化教师，应具备比较渊博而扎实的基础文化知识，精通自己的专业知识，掌握有关教育对象，开展教育活动、进行教育研究等教育学、心理学知识。同时，班主任作为一名专业管理者，应掌握管理理论的系统知识，具体包括三个层面，即关于管理一般性质与规律的管理学知识、班级管理所在的教育管理领域的教育管理学知识和班级管理理论知识。

班主任的能力结构。能力是直接影响活动效率，使人顺利完成某种活动所必须具备的个性特征。班主任进行的班级管理是一项复杂的社会实践活动，需要班主任具备多种能力，其中主要包括以下几个方面。

领导能力。如果说管理就是"领导"，那么班主任就是一名领导者，班主任的领导表现在对班级成员的行为和相应的各种资源进行运筹，为学生营造出最适宜于学生身心健康发展的教育环境。因此，班主任必须具有设计班级目标的能力、选择实现班级目标的途径及方法的能力、组织和引导学生并调度相应资源实现预定计划的能力以及根据班级管理过程中的反馈信息调整计划的能力等。

社交能力。班主任在工作中，需要与学生、任课教师、学校领导以及学生家长等进行交流和协调。因此，班主任必须具备较强的社会交际能力。首先，班主任要具有敏锐的观察能力，以便了解和掌握学生、家长以及有关教师的情况，为进一步的沟通、交流提供依据。其次，要求班主任具备较强的语言表达能力，以便与学生、家长、同事等进行沟通。特别是要了解学生真实的思想状况，并对其进行引导教育，要求班主任能与学生进行谈心交流。班主任的语言表达能力体现在口头语言表达方面做到准确、简洁、生动、流畅；文字表达方面做到概括、严谨、清晰、简明；体态语言方面做到恰当运用眼神、表情、手势等准确表达自己的意思。最后，还要求班主任具有较强的交往能力，与学生、家长、任课教师和学校领导等建立良好的人际关系，并引导班级学生之间和睦相处，团结互助。

研究能力。班主任作为一名专业教师，要对本学科知识及其教学进行研究，成长为研究型教师。同时，班主任作为班级管理者，要不断认识管理对象，因为中小学生是一个个鲜活的个体，正处于人生发展的关键期，在认知、情感、意志等方面都具有较强的可塑性，这就决定了班主任在班级管理工作中必须着眼于具体的特殊的情境，按照学生的个性特点，遵循教育规律进行管理。同时，班级管理问题错综复杂，新问题层出不穷，若已有的管理策略不能有效解决问题，也需要班主任加强研究。因此，班主任必须将管理和研究结合起来，在管理中研究，在研究中管理，充分体现班级管理工作的科学化和创造性。

2. 班主任的身心素质结构

心理素质是社会对当代社会成员提出的要求，但是班级管理工作中对班主任心理素质有特别的要求。这一特别的要求可以概括为：爱好广泛、情感丰富和良好的个性品质。

首先，班主任的兴趣爱好应该多种多样，既要有广泛的兴趣也要有中心兴趣，比如琴棋书画、吹拉弹唱、体育运动和科技发展等。由于中小学生身心发展迅速，精力充沛，活泼好动，有旺盛的求知欲和广泛的兴趣爱好，所以他们希望班主任同自己一样爱好运动，有一定的特长。这样，当班主任在以浓厚的兴趣组织学生开展活动时，就缩短了师生之间的距离，容易与学生打成一片。如果班主任在活动中还能一展自己的特长，就更容易受到学生的欢迎，在学生的心目中树立起自己的威信，从而增强对学生的影响力。

其次，班主任还应该有丰富的情感和稳定而适度的情绪。丰富的情感推动班主任以全部的精力投入工作，创造良好的教学氛围，热爱学生，关心学生，满足中小学生的情感需要。而稳定的情绪则会使班主任保持良好的心态，沉着应对，理性分析和处理遇到的各种问题。

最后，班主任还应有良好的个性品质。主要表现在具有积极向上的态度，坚强的意志品质和良好的性格修养。由于班主任要引导学生树立理想，奋发向上。因此，班主任自身必须坚毅、乐观，而不能悲观、消沉；由于班主任常常成为学生的模仿对象，因而教师就必须慎言慎行，严于律己，而不能不拘小节；由于班主任必须经常主动与学生交往，因而就必须善于言谈，而不能沉默寡言。可见，班主任具有良好的个性品质，不但对搞好班级工作大有益处，而且会对学生产生积极而深远的影响。

三、班集体建设与培养

良好的班集体既能产生强大的凝聚力，培养学生的自我教育能力，还能协调各方面的工作，使班级管理效果事半功倍。所以，班主任一定要重视加强班集体建设。

（一）影响班集体建设的因素

班集体建设既取决于外部环境，又取决于内部环境，更取决于班主任主导作用的发挥。

1. 外部环境对班集体建设的影响

班级外部环境包括学校、家庭、社会环境三个方面。学校环境由物质环境和精神环境组成。良好的学校环境能产生巨大的积极陶冶作用，能调动学生言行，有助于班级建设；相反，不良的学校环境则会使学生失落、自卑，影响班集体建设。家庭环境对学生影响广泛而深远。家长的思想意识、文化修养、处世态度、行为作风、兴趣爱好、教养方式等会影响子女的思想、行为，进而影响其对班级管理的态度。社区环境对学生的影响随社会的迅速发展而增加，因此，学校所处社区的环境状况也影响班集体建设。

2. 内部环境对班集体建设的影响

学生的认识水平、心理倾向、群体结构影响班集体建设。首先，如果学生认识水平高，就容易统一目标、认识，还意味着学生分析、判断能力较强，能够正确理解班集体建设意义，从而自觉行动。其次，如果班集体形成了共同的心理倾向，则学生容易沟通、交往与合作。最后，班集体群体结构中小团体的多少、势力的大小会左右班集体发展方向，加强对小团体的控制、引导，能推动班集体建设。

3. 班主任主导作用对班集体建设的影响

班主任是班集体建设的核心，其威信、管理意识和风格影响班集体的形成与发展。首先，班主任的威信对学生具有影响力和感召力，既影响学生对班集体的认识，又影响学生对班集体的情感，还影响学生的行为。其次，班主任的管理意识支配其管理行为，正确的管理意识是班主任进行班集体管理并获得良好效果的保证。所以，班主任必须具有正确的班级管理观。最后，班主任的管理风格直接影响班风与管理效率。专制型、放任型的管理风格只能导致人际关系紧张、学生性格沉闷或组织涣散、人心混乱，降低管理效率；而民主型管理风格则能尊重、信任学生，营造和谐班风，增强凝聚力，提高班级管理效率。

（二）良好班集体的基本特征

1. 有共同的奋斗目标

明确的奋斗目标能将人的需要转变为强烈的动机，从而推动人们按目标的要求去克服困难、排除障碍，控制和修正自己的行为，一步步达到目标。共同的奋斗目标，能增强集体成员的凝聚力和向心力，使大家共同搞好班级工作。可见，共同的奋斗目标是班集体形成的基本条件。有了共同的奋斗目标，集体就有了前进的方向和动力。

2. 有一个坚强的领导核心

任何集体都必须有一个领导核心。而一个班集体也必须有一批能将全体成员的思想和行动统一起来，组织和带领大家努力学习、积极参加各项活动的骨干分子。在班主任的组织协调下，这些骨干分子可以形成健全的组织结构，保证职责、分工明确，能对班集体的各项工作和活动实施有效的领导。

3. 有为实现共同奋斗目标而开展的富有教育意义的集体活动

针对青少年学生的年龄特征和心理特点，围绕班级共同的奋斗目标，开展丰富多彩的活动，寓教于乐，可以满足学生多种兴趣的需要，使集体充满生机与活力，对集体成员增长知识、开阔视野，培养集体成员团结友爱、热爱生活、关心集体的风气都有极大的促进作用。

4. 有健全的规章制度

在一个班集体内，必须从实际出发，结合校规、校纪等，制定切实可行的规章制度，或者将校规、校纪直接转化成班集体对成员的具体行为规范，要求学生自觉地严格遵守、执行。规章制度健全了，集体成员才会有章可循，而班集体也才会秩序井然。

（三）班集体建设的内容

1. 确定班集体的奋斗目标

班主任要善于从本班实际出发，不断提出振奋学生精神、鼓舞学生前进的奋斗目标。以便统一全班学生的意志和行动，推动集体的形成、巩固和发展。奋斗目标一般包括：近期的目标，如搞好课堂纪律；中期的目标，如成为优秀班级；远期的目标，让每个学生都成为全面发展的好学生。这三种目标要互相衔接，组成一个符合教育要求的体系。实现目标要先易后难，先近后远，循序渐进，逐步提高，特别是实现近期目标的时间不宜过长，要尽快让学生获得"成功"。目标的提出要适合学生的接受水平，要鲜明、具体、生动，富有吸引力、号召力，便于学生理解和记忆。集体的目标应当由班主任同班干部或全班同学一同讨论确定。而且目标一经提出，班级的一切工作都要围绕这个目标来进行。目标实现后，要及时总结、评比，接着提出新的奋斗目标，组织新的活动，使班集体处于不断进步之中。

2. 选择和培养班干部

班集体是有组织、有领导的。只有把全班学生组织起来，才能有效地形成集体。而要把全班学生组织起来，就要发现、培养积极分子，挑选和培养班干部，建立起班集体的领导核心。班干部是在同学中比较有影响力的人物，一定要选出关心集体、办事认真、作风正派、能团结同学、愿意为同学服务、学习成绩较好、能起模范带头作用，并在同学中有一定威信和有一定组织能力的同学来担任。班干部选定以后，要根据每个人的能力、爱好和特长，分配给他们适宜的工作，放手让他们自己去做，使他们逐步学会自己管理自己，与此同时，班主任可从旁加以指引。为了减轻学生干部的负担，应避免兼职；为了让更多的学生有机会承担社会工作，从中得到锻炼，班主任要努力创造条件，定期轮换班干部。班主任要加强对班干部的培养和教育，对他们既要交任务，又要教方法；既要鼓励他们积极、主动、大胆地工作，又要帮助他们好好学习，提高思想觉悟和工作能力；既要发挥班干部的骨干作用，又要团结同学、平等待人。班主任要随时注意发现、培养新的积极分子，不断扩大积极分子的队伍。

3. 培养良好的班风

班风是一个班级的风气，它是班集体大多数成员的思想观念、意志情感、言论行动和精神状态的一种倾向或共同表现。一个班的集体舆论若持久地产生作用就会形成一种风气，这种风气被巩固和保持下来就是传统，即成为同学们自觉遵守的行为规范或习惯。优良的班风是一种巨大的教育力量，它无形地支配着集体成员的行为和集体生活，培养集体成员的荣誉感、自豪感和对集体的尊重，因而对形成和发展班集体起着巨大的作用。班主任要有意识地培养优良的班风。班主任要善于将学生优良的品质和作风在同学中宣传、扩大、巩固，反复实践，使之得到班集体的支持和认同。优良班风形成以后，要教育全班学生珍惜它，使之不断完善。

4. 有计划地开展集体活动

经常性的班集体活动有班会、读书活动、智力竞赛、参观访问、文体活动、科技活动、公益活动、节日活动等。以上活动要有计划地开展，为了达到活动的效果，必须注意以下几点。第一，活动要有明确的目的。这个目的是符合学校工作要求的，也是班级的需要，重在教育学生，开阔视野，增长知识见闻，总之使学生有所得。第二，集体活动的内容要有针对性，在充分了解学生和集体的基础上进行，活动内容是正确、科学、深刻的，要符合班集体建设和学生个体发展的需要，要符合学生的年龄特点。第三，活动的过程要精心安排，做好充分的准备。活动的准备过程和活动的过程要使学生得到锻炼，在这两个过程中，班主任要调动每一位学生的积极性，如让学生提供活动计划，制定活动方案，组织、主持活动。整个过程是学生在集体中教育与自我教育的过程。第四，要做好活动的小结工作。每一次组织成功的集体活动都会给学生留下深刻的印象。为了巩固活动的效果，班主任要及时做好集体活动的总结工作。在总结的基础上，可以进一步提要求，进而使下次的集体活动提高一个层次。

班会活动是班级集体活动中最经常开展的，且收效好。班会活动分为一般性的班会活动和主题班会两种。一般性的班会活动内容有讨论班务工作计划，这一般在学期初进行；阶段总结会，在每月中进行；讨论班级中复杂的、大家关心的问题，如纪律问题、团结问题等，可随时进行。班会的另一种形式是召开主题班会。这种班会一般是根据学生思想特点和实际状况，选择一个主题，有目的、有计划地进行。主题班会针对性强，花时间多，组织得好，会给学生留下深刻印象，甚至令学生终生难忘。

（四）班集体建设的途径

班集体建设不是在静止的状态中进行和完成的，而是在运动中形成和发展的，这个运动，既包括教学活动，也包括教育活动（主要是以品德教育为主导内容的德育活动），还包括与班集体直接相关的各种人际交往活动。其中，教育活动是班集体形成、发展的重要的因素，是班集体建设的最重要的途径。

班级教育活动的主要形式是班会和课外活动。

班会是班主任和班级学生活动的主要舞台，是班主任围绕着特定的主题对学生进行思想品德教育的一种主要形式，是形成良好班集体的途径，也是学生进行自我教育的有效方法。班会活动能促进学生形成健全的班集体，正确的集体舆论和优良班风；能培养学生的集体荣誉感和责任感；能进一步满足学生在德、智、体、美各方面的需求；能培养学生的创造精神和工作能力。

课外活动是指学校课堂教育、教学活动以外的各种活动。课外活动是班集体的构建要素，有目的、有组织的课外活动是班集体建设的主要途径和方法，而课外活动达到的水平和取得的成效也是班集体形成的主要标志之一。

课外活动可分两类：一类是教学实践活动，目的是配合有些学科知识的实验与考察；另一类是德育实践活动，如军训、生产劳动、公益劳动、社会考察等。这两类活动，都是在教师组织、指导下，让学生走向社会，了解社会，并通过实践达到一定的教育、教学目的。

第二节　课堂教学的组织与管理

教师在课堂中主要履行两大职责：建立秩序和促进学习。建立良好的课堂秩序，需要教师进行有效的课堂管理。课堂管理行为是教师课堂教学行为的一个重要组成部分。

一、课堂管理及其原则

（一）课堂管理的含义

从教师对课堂控制的角度看，课堂管理就是教师为保持教学活动顺利进行而采取的措施，以及教师在课堂内的整个行为和相关的课堂活动，包括课堂环境的安排，课堂秩序的建立和维持，对学生行为的监督，对违反课堂纪律行为的处理以及指导学生的学习，等等。

（二）课堂管理的意义

课堂管理的意义在于，为学生提供一种明确的组织与结构，维持课堂秩序，激发学生的学习动机，降低学生的焦虑水平，提高教学工作的成效。具体表现为以下三个方面。

其一，维持良好的课堂教学秩序。课堂教学秩序指学生在教师的引导下有序学习的氛围。它是课堂教学得以展开的前提和条件。课堂秩序的建立和维持既需要学生内在的自觉守纪意识与努力，也需要教师外在的管理与约束，是学生自律和教师他律结合的结果。离开一定的课堂管理，就难以保持良好的课堂秩序，就难以实现预定的教育、教学目标。

其二，约束和控制有碍学习的违纪行为。课堂违纪行为是指学生在课堂内发生的干扰教师的教和其他学生（也包括学生本人）学习的行为，是教师和一切与教育工作有关的人员所关心的重要问题。由于各种因素的影响，学生进入学校后，总会发生各种各样的违纪行为。这些违纪行为的出现破坏了教师的课堂教学组织以及井然有序的教学进程，也妨碍了学生个体的学习与发展。当学生出现有碍学习的违纪行为时，有效地课堂管理将有助于抑制和控制学生的违纪行为。

其三，激励学生的潜能、提高学习效率。出色的课堂管理不仅意味着教师已经使学生的不良行为降到最低程度，从而促进学生之间的合作，并能在不良行为发生时采取有效的干预措施；而且意味着课堂总是持续着有意义的学习活动，整个课堂管理制度，都是为了使学生参加有意义的学习活动达到最高程度。

尽管课堂管理涉及对课堂教学过程中各种有限资源的配置，涉及对课堂教学中各种关系的调控，但立足于良好课堂秩序的建立以及有效地促进学生的发展，课堂管理的任务主要有两个方面，即建立课堂纪律和干预违纪行为。前者主要是用来预防、抑制学生课堂违纪行为的发生，后者则是对于已经出现的各种课堂违纪行为的干预与处理。

（三）课堂管理的原则

1. 系统性原则

课堂系统是由有内在联系的特定要素构成的有机统一的整体。课堂系统的构成因素颇为复杂，既有物质的，又有社会心理的；既有有形的，又有无形的。只有这些因素协调一致时，课堂的整体作用才能得到有效发挥。因此，在课堂管理过程中，必须立足于课堂的整体，着眼于课堂整体的持久发展。这就要求教师要树立全局观念，要对课堂系统的各个方面进行规划调整，以便把各种因素有机地协调为一个整体，发挥更有效的功能。出现课堂问题时，要从课堂的整体来分析与把握，从问题与环境，时间、空间与场合，得与失，利与害，个人与集体，社会、历史、现实与未来，自我与非我等多个方面的关系中形成一个全面而正确的认识。

2. 自组织性原则

只要能保持一种良好的课堂环境，保持课堂系统中沟通的顺畅，课堂通常就能完善地组织自己。课堂总是在寻求新的信息，不断从事与创造有意义的对话，不断实践新的连接。这种过程常常是很自然的。但个别教师常常根据自己的猜想试图给课堂加上一些人为的框架。因为这些人为的框架，课堂不能很好的与之对应，必须经常加以限制直至它能符合这些框架，因而容易产生单向的专断性控制。在这种情况下，教师实际上很难对课堂本身进行管理。因为课堂是一个组织系统的外在现象，它并不能被"管理"，只是在积极的建构下得到发展。教师通过发展和完善课堂内部结构及其积极的引导作用，能极大地帮助学生对课堂发生的事件和行为以及其本身的行为予以恰当的解释，并给予更深刻的自我反省，形成其责任与自律，实现课堂的自组织。

3. 内在性原则

课堂管理过程常常比较重视教师外在管理的作用，而却容易忽略学生的内在管理。实际上，真正有效的管理是学生自我的内在管理。课堂既然是教师与学生共创的，那么，学生同教师一样，也是课堂中具有独立精神意志的主人。而且，课堂活动的最终目的是促进学生的健康发展，离开了学生的参与、支持与合作，课堂管理便失去了意义。内在管理强调学生积极主动地参与，在参与过程中形成自主意识和责任感，从而激发其主动和创造精神。内在管理不仅能提高课堂管理的效益，而且能发挥学生的聪明才智，有利于他们的成长。课堂管理要为学生的主动性和积极性地发挥规定目标，提供条件，激发和引导其内在动机，实现内在控制，这是现代条件下课堂管理的一个革命性变革。

4. 动态性原则

课堂主要是一种动态系统，课堂管理必须坚持动态性原则，以变化的眼光看待课堂问题，以发展的视角进行课堂管理。对于课堂中的问题，要进行动态的考察。所有的存在都有其变动的流程。现行的状况虽然与过去有着逻辑关联，并对未来产生一定程度的影响，但它主要是对现在的反映，不能说明未来的必然状态。课堂环境时时都在变迁，课堂成员时时都在发展，影响课堂的因素总处于变化之中。因而，要从发展的角度看待课堂中的问题、冲突与矛盾，要从变化的视角认识课堂的进展、停滞与挫折。坚信学生具有潜在发展的可能，是可以获得完整发展的。有了目标的指引，一切问题皆处于动态的审视之中，有效课堂管理是必然可以实现的。

二、课堂管理影响因素

（一）影响课堂管理的客观因素

首先是班级的规模。课堂中学生数量的多少决定了教师采取不同的管理方式与手段。适当的班级学生数额有利于教师进行课堂管理，督促每个学生圆满完成学习任务。

其次是课堂的环境。包括课堂的物质设施与所处的空间位置。安静优雅的教室环境有利于学生学习，也有利于教师进行课堂管理。现在，人们已利用科学研究成果，对教室的色彩、学生的座位等提出了更好的建议，这对教师搞好课堂管理显然是有益的。

最后是已经形成的课堂风气。对于学生来说，容易受到定式的影响，因而长期形成的上课风气可以使学生习惯并成为一种定式。而这一风气的积极与否直接影响课堂管理的效果。班级学生的良好课堂学习态度和遵守课堂纪律的自觉性不是一朝一夕养成的，也不是少数学生能左右的，它是班集体长期努力奋斗的结果。我们应当充分发挥良好的班集体的作用。发动学生自己参与课堂管理，从而形成良好的课堂群体规范和风气，制约全班的课堂活动。

（二）影响课堂管理的主观因素

首先是教师与学生的情感关系。良好的师生关系，有助于课堂管理的顺利进行，与此相反，有隔膜乃至对立的师生关系，必然会成为课堂管理的严重阻碍。课堂中偶尔出现的一些"突发事件"，其背后原因是学生带着与教师对立的前期心理状态而在特定时间爆发。如果在学生的心灵深处建立起师生关系的肯定情感，他就会把自觉遵守课堂管理的各种规范，同时看成维护师生间友好情感的需要。

其次是教师的个人素养。教师的人格修养与知识魅力是形成教师权威的基础，而基于这种基础的教师权威有利于课堂管理。一位在学生心目中有威信的教师，有时可以用一句话或一个眼神使乱哄哄的课堂刹那间安静下来，反之在学生心目中威信不高甚至全无威信的教师，即使大声训斥也不能使学生信服和听从。加强修养、为人师表、言传身教等，都是一个教师树立威信所必需的，这里要特别指出的是第一印象。教师在学生面前的第一堂课，一定要精心设计、精心管理，然后让这良好的第一印象持续下去。如果第一印象欠佳，会给以后的课堂管理带来较大困难，有了威信，我们的课堂管理才会事半功倍。

最后是教师的课堂管理方法与智慧。方法是一切有效行为的重要保障条件，在课堂管理中合理的方法是有效管理行为的保障。课堂管理的方法并无统一不变的要求，教师要根据学生的特点、课堂的现状及自身的状况选择合理的管理方法。同时，面对可能发生的状况教师还要具有教育机制。这是教师根据课堂管理原则，运用自己的智慧，敏捷而恰当地处理课堂上偶发事件的方法和能力。

第三节　课外活动的组织与管理

课堂教学有利于学生掌握扎实系统的基础知识和基本技能，有利于发挥教师的主导作用，但是却很难照顾到学生的能力差异以及不同的个人兴趣、爱好和需要，也不利于学生独立实践活动地展开。因而，不利于充分发挥学生作为学习主体的能动作用，不利于因材施教，也不利于培养学生独立探索、独立工作的能力。而课外活动内容丰富、形式灵活多样、综合性与实践性更强。因此，有利于调动学生主体的积极性，满足学生生动活泼发展的内在需要，使学生在课堂中学到的知识得以与社会生活产生广泛的联系。由于课外教育活动在内容、形式、时空、目的等方面与课堂教学相比具有明显的差异，因而相对而言课外活动在学生的发展中具有不可替代的意义。

一、课外活动及其特征

（一）课外活动的意义

随着社会发展的需要，个别教学被以班级授课制为基础的课堂教学代替。课堂教学能够大规模地培养人才，适应社会和生产发展的要求。但是，它具有一定的局限性，不利于从实际出发，因材施教，也不利于受教育者个人天性的充分发展。因此，作为课堂教学这一组织形式的必要补充形式，课外活动便应运而生，并在长期的发展和实践中，不断完善和积累经验，日趋成熟。

课外活动与课堂教学是一个完整的教育系统，课外活动是课堂教育的必要补充，二者相互作用、相辅相成，对完成教育任务、实现教育目的具有同等重要的作用。它对解决受教育者的全面发展与因材施教，一般发展与特殊发展，间接经验与直接经验等矛盾具有重要的意义。

课外活动是在课堂教学以外进行的活动，组织者根据教育、教学的实际需要，可随时随地组织形式多种多样、内容丰富多彩的活动，课外活动有时是学校或校外教育机关统一组织的活动，有时是在学校或校外教育机关的指导下，受教育者根据自己的兴趣、爱好、特长以及实际的需要，自愿地组织、选择和参加的活动。这样，不仅能发挥受教育者的积极性和主动性，而且能使受教育者的才能、个性得到充分发展，有利于受教育者的优良个性品质的培养。

1. 与课堂教学相互配合，更好地促进学生的全面发展

人的发展是一个长期的过程，也需要广阔的空间。中小学作为基础教育，主要任务是让学生掌握科学文化基础知识。但要让学生获得充分而全面的发展还必须把学生引入课外广阔的、无边无际的知识海洋。在课外、校外活动中，学生广泛接触现实社会和自然界的各种事物，从中可以获得丰富的知识，开阔视野，培养志趣和爱好。同时，也可以使学生有机会把自己学到的知识运用于实践，进而加深与拓展课堂上所学得的知识。而且在各种活动的实际锻炼中，提高实践能力，掌握更多的技能、技巧，发展各方面的实际能力，特别是自学能力、操作能力、思维能力以及创造力和想象力。学生思想品德的发展更不能局限于课堂，它是学生在教学及校内外生活中长期耳濡目染，接受合理要求，在反复实践的条件下逐步形成的。中小学生精力充沛，喜爱从事多方面的活动，容易接受外界教育的影响。文娱活动在陶冶学生的情操、提高学生感受美、鉴赏美与创造美的能力方面起着非常重要的作用。

2. 满足学生多方面发展的需要，丰富学生的精神文化生活

中小学生正处在快速成长的时期，随着年龄的增加，学生精神生活的需要逐步趋向多样化。特别是正处于生长发育高峰期的中学生，他们渴望友谊，希望参加更多的社会交往；他们迫切要求拓宽自己的视野，希望了解更多的事物；他们对美的享受和娱乐的需要同样强烈，希望学校能组织更多的文娱、体育活动，这些需要是课堂教学无法全部满足的。而且，学生在一天的学习生活中，总有一些课余时间，这些时间也需要安排学

生从事正当有益的活动。青少年精力充沛，好奇心强，但分辨能力和自控能力较低。如果旺盛的精力使用不当，他们就会从事有害的活动，影响身心的健康发展。因此，学校要开展各种健康有益的课外活动，丰富学生的精神文化生活，满足学生多方面的需要。

3. 培养和发展学生的兴趣、爱好、特长，为学生个性的发展创造条件

课堂教学有统一的教学计划、统一的大纲、统一的教材、统一的教学方法，从而使学生受到系统而严格的训练，却难照顾到学生的个别差异、个性特长，对学生个性的尊重，对学生自主、自立精神的培养，对学生创造力的开发不够重视。

课外活动的特点和优势恰恰弥补了课堂教学的不足。课外活动为学生提供了多种展示自我与发展自我的机会。学生在自己感兴趣的活动中发展着爱好与特长，在自己擅长的活动中展示着个性与才华。个性、特长在自主选择的活动中受到尊重。总之，课外教育活动能丰富学生的情绪体验，满足学生发展自我的要求，使学生身心愉悦、精神焕发、充满自信。因此，重视与加强课外活动与校外活动，是促进学生个性充分发展的重要途径。

（二）课外活动的特征

1. 活动组织的自愿性和相对独立性

课外活动是本着学生自觉自愿参加的原则来组织的，学生根据各自的兴趣、条件和需要进行选择。因此，它能比较充分地照顾到学生的兴趣、爱好、能力差异，有益于发展学生的特长和才能。这就弥补了课堂教学难以照顾到学生个别差异的不足，学生能自由自主地学习与活动。所以，课外活动容易引起学生的兴趣，学生愿意积极主动地参与活动。在活动中自觉接受教育，发展知识、能力，养成良好的品德。

2. 活动内容的广泛性和多样性

课外活动的内容不受教育大纲、教科书与课程设置的限制，内容所涉及的范围甚广，主题极为多样，只要是符合教育要求，能够促成教育目标的实现，又有条件开展的教育活动，都可以纳入活动计划中。课外教育活动的内容具有多面性，既可以是综合性的活动，也可以是单项活动，活动内容可宽可窄、可多可少，内容的程度可深可浅，富有一定的伸缩性。活动的组织者可根据参加者的愿望和要求确定内容，制订计划，开展活动。

3. 活动形式的灵活性和活泼性

由于课外活动内容上的广泛性，性质也较课堂教学复杂，因此难以采用固定的方法，要视活动内容、学校环境及师生条件灵活决定活动方式。课外活动的形式多种多样，既可以是个别活动，也可以是小组或集体活动，参加人数可多可少，时间可长可短，规模可大可小。活动形式可因校制宜、因时制宜、因地制宜，满足学生不同的兴趣需要，吸引他们积极投身课外教育活动中。

4. 活动过程中的自主性

在课外活动中要以学生为主体，教师、辅导员或家长处于辅导的地位。也就是说，教师、辅导员或家长要指导学生独立自主地开展活动，让他们自己领导、自己设计、自

己动手操作。这样有利于调动学生参加活动的主动性和积极性，培养学生的自学能力和独立活动能力。课堂教学采用考试考查的方法来检验效果，而课外教育活动成果的汇报方式具有多样性，如成果展览会、汇报会、文艺演出、运动会、读书报告会、经验交流会，编刊物、墙报。这些积极主动的汇报方式，改变了学生被动受考核的局面，体现了学生在活动过程中的自主性。

5. 活动本身的实践性

课外活动本身侧重于使学生获得实践经验，培养学生分析问题、解决问题的能力。学生在活动中要靠自己创造条件、自己设计、自己检验和获得课堂中无法得到的实际知识。变被动灌输式的学习为主动探索式的学习，因而实践性是很强的。与课堂教学主要通过传授书本知识去认识世界不同，在课外活动中，学生主要是通过自己的实践去认识世界，在实践中获得知识、锻炼能力。

（三）课外活动的内容

1. 群众性活动

这是一种普遍的活动形式。这种形式可以同时吸收大批学生参加。小型的可按班、团、队的小组或小队组织，当然，它也可以按组际、班际、校际的形式来组织开展。参加活动的具体人数则根据活动的目的、内容而定。具体的活动形式有以下几种。

其一，讲座和报告。这是结合时事教育和科学普及教育常用的方式。如时事报告、文化科学讲座等。主讲人可由教师、辅导员担任，也可请校外专家、学者、科技人员、英雄模范人物、革命前辈乃至同年级学生担任。报告和讲座的目的要明确，内容要正确、生动、具有针对性，时间不宜过长，事先的准备工作不要影响学生的正课学习，不给学生增加过重的负担。

其二，节日和革命纪念日活动。在重要的节日和革命纪念日，如新年、清明节、劳动节、青年节、儿童节、建军节、国庆节等，可采用庆祝会、纪念会、联欢会、晚会、游园会、展览会等方式方法开展活动。这项活动既要注意思想性，又要力求丰富多彩、生动活泼。要把活动的准备过程当作教育过程来组织，并把这种节日、纪念日活动保持下去。

其三，主题班会。这种主题班会的内容是多种多样的，如组织各种文艺活动，包括影视评论会、诗歌朗诵会、音乐欣赏会、音乐舞蹈晚会；各种类型的学科活动，包括某门学科的报告会，专题讨论会，历史事件、历史人物的纪念会，历史故事会以及各种学科竞赛、智力竞赛、科技表演等。这种主题班会可请相关教师、辅导员或校外有关的专门研究人士及有专长的家长参加、指导。准备期间可开展"宣传周""活动周"活动。

其四，参观、访问和游览。这既是使学生获得直接经验的教学方法，也是组织课外和校外活动的一种形式和方法。如参观革命圣地、工厂、农村、博物馆、纪念馆，访问革命前辈、英雄模范人物、科学家、艺术家以及游览名胜古迹等。通过参观、访问和游览，可使学生接触社会和自然，开阔眼界，愉悦身心，培养热爱祖国的美好感情，激发建设祖国、振兴中华的雄心壮志。同时可以采集植物、动物、矿物标本，进行野外写生、写游记，创作诗歌，收集乡土资料，考察山川地形等。这些都有利于学生德、智、体、美、劳的发展。开展这些活动要有明确的目的、严密的组织、周详的准备，事后要有总结，一切资料要及时加以整理，并可通过举办展览会等方式，反映和巩固活动的收获。

其五，体育活动。这项活动应普及每一个学生。学校教师、学生家长和社会教育机关等都应重视、支持和帮助学生开展体育活动，并保证每个学生每天至少有一小时的体育活动时间。要组织学生开展各种球赛、长跑等群众性体育活动。要把普及和提高结合起来，在普及的基础上，对成绩优秀者组成专项运动小组。进一步进行专门训练和培养，以便把具有培养前途的青少年学生培养成运动员。在群众性体育活动中，要注意根据学生的体质、性别、年龄等情况，提出不同的要求，循序渐进、持之以恒地进行全面的适宜运动量的锻炼，并要广泛宣传各种体育活动中的卫生知识和安全保护知识，这样才能真正达到锻炼身体、增强体质的目的。

其六，社会公益劳动。让学生适当参加社会公益劳动，是实施教育与生产劳动相结合的一种形式，也是一种重要的课外教育活动。这种劳动有校内的，也有校外的，有服务性劳动，也有农业生产劳动。组织学生参加社会公益劳动必须服从教育目的，坚持以教学为主的原则。要重视劳动中的思想教育和劳动知识技能的教育。选择的劳动项目要因地制宜、因时制宜，适合学生的年龄特点和个性特点。学校对学生的劳动成绩应有正确的评定和记载，并及时表扬劳动中的好人、好事。

其七，墙报和黑板报。它是学校的一个重要宣传工具，也是学生练习写作，汇报课内、课外活动的园地。教师和辅导员要组织学生对它加以运用，鼓励学生自办、自写、自编。墙报和黑板报有班级性的，也有全校性的。内容要短小精悍，符合当前教育和教学的要求。形式要多样化，富于知识性和趣味性，能吸引读者，文字和图画要适合学生的理解力。

2. 课外小组

它是课外和校外活动的基本的组织形式。这种形式是建立在学生对活动的兴趣、爱好和要求的基础上的。小组的建立，应事先做好准备工作。要在学校和校外教育机关的领导下，由教师或辅导员具体负责，按学生不同的兴趣爱好，组织各种小组。小组人数根据参加者的年龄、活动的性质和内容而定，少则四五人，多则一二十人。小组人数一般不宜过多，人数过多，不便活动，也不便指导。小组可以跨班、跨年级，人数多的可以按班组织。小组辅导员可由教师或聘请科学家、技术人员以及有这方面专长的家长担任。小组活动次数不宜过多，每次活动时间也不宜过长，以免使学生负担过重。各小组活动都必须制订出明确的目标任务、工作方向和具体的活动日期、地点和内容，并要有一定的组织制度和组织纪律，这些都要事先安排好以使活动进行的井然有序。小组活动要定期进行总结和考核。考核的方式有：日志，把小组活动的各项作业和措施记录下来；收集保存组员工作成绩，如组员写的报告、制作的图样、模型、图画等；工作总结；小组成绩展览、表演；等等。各小组每次活动之后应适当小结。全学期要有总结，以便肯定成绩，找出问题，吸取经验教训，不断改进。课外和校外活动小组主要有以下几种。

其一，学科小组。这是按学科组成小组，开展活动。小组活动内容是与课堂教学紧密联系的，是以课堂上讲授、学习的各门功课的知识为基础的。但不限于教学大纲和教科书的范围，可以适当扩大和加深各学科的有关知识内容。有条件的可组织各门学科小组。活动的内容可以多种多样。各学科小组可请有关专家、学者、教师做报告、讲演，或收听有关的广播，阅读本学科的科学书籍，举行读书报告，进行与本学科有关的参观、访问、观察、实验、试验活动。在进行认识性作业的同时，可以搞一些实践性作业，如制作一些简单的教具、模型、标本、地图、幻灯片等。

其二，劳动和技术小组。这是利用课余时间，组织学生进行各种有关劳动和技术的实际作业。如操作、使用车床、简单的机器，拆卸和安装各种简单机械，设计、制作各种模型、简单仪器和劳动工具，进行农作物和花木的栽培技术训练，以及饲养家禽、家畜等。

其三，艺术小组。这是把在艺术上有一定兴趣爱好和能力的学生组成各种艺术小组，对他们进行艺术教育活动。全校性的艺术小组有合唱队、舞蹈小组、乐器小组、戏剧小组、美术创作小组等。艺术小组活动是对学生进行美育和德育教育的重要组成部分，对丰富学生的精神生活，活跃学校气氛具有重要作用。

其四，体育小组。这是按照各个运动项目分门别类地进行组织和活动的，以满足各个学生不同的兴趣和爱好。小组活动的内容力求新鲜合理，适合组员的程度并能促进他们进一步提高。

其五，阅读小组。这是一种在教师或辅导员的指导下，根据每个学生的兴趣和才能，组织学生个人进行个别活动的形式。个别活动的主要内容有学生独立钻研某项科学技术，独立阅读某类报刊书籍、写读书心得、写某些文艺作品，独立进行小型科学实验，调查、采集和收集各种标本，制作模型，参加跑步、游泳、滑冰等体育活动，以及唱歌、独奏、绘画和摄影等。阅读课外书籍是个别活动中的一项重要内容，它是对学生进行教育，培养学生爱科学、爱知识的思想以及自学的能力和习惯的有力手段。要特别重视青少年学生的课外阅读习惯，并给予指导。此外，如发现在某些方面有特殊才能的学生，应加以专门指导和培养。总之，通过个别活动，可以使学生的个人生活丰富多彩，充实愉快，并培养他们安排自己生活的能力，扩大知识面，学会自己教育自己，提高自学能力和独立从事艺术创作、进行体育锻炼的能力。这些独立学习、工作、研究能力和习惯的培养，对于学生日后走向社会具有十分重要的意义。

3. 个人活动

个人活动是在学校课外活动中个人独立进行的活动。课外活动中的个人活动往往与小组活动或群众性活动紧密结合，是小组活动或群众性活动的组成部分。个人活动对培养学生的自学能力、独立工作能力和独立研究能力具有十分重要的意义。个人活动主要有以下两种。

其一，课外阅读。课外阅读是学生在课余时间，根据自己的兴趣爱好或某一方面的需要所进行的一种完全自觉的读书活动。课外阅读可以扩大学生的知识视野，使学生及时接触和吸收新鲜知识；课外阅读能够培养学生的自学能力和思维能力；课外阅读是课堂教学的营养线。因此，课外阅读是学生不可缺少的智力活动。

其二，小实验。个人活动中的小实验是学生为了验证某个科学真理、根据某种科学规律、检验自己某种假设或某种设计而独立进行的实际操作。小实验极有利于培养学生的实际操作能力、思维能力和创造能力，培养学生求实的科学态度和锲而不舍的精神，它是学生最感兴趣的课外活动之一。

除了课外阅读和小实验之外，一些小制作、独立练习、个人创作、个人调查访问等都是学校课外活动中的个人活动形式。

二、课外活动组织管理的要求

（一）课外活动的管理

课外活动的成效取决于学校及学校领导对课外活动是否重视，取决于其对课外活动进行管理的效果。只有按照课外活动的基本要求、切实加强对课外活动的管理，才能使课外活动落到实处。

1. 把课外活动作为学校工作的重要组成部分，纳入学校工作的计划

学校要把课外活动纳入学校工作的范畴，列入学校的议事日程，有目的、有组织地开展课外活动。学校领导要有明确分工，既要抓教学，又要抓课外活动。要由学校领导亲自负责，教导处、团委、学生会及各科组密切配合，层层落实，全面规划，具体部署。把各项活动列入学校教育计划之中，编排课外活动的总课表，切实解决好课外活动的时间、场地及经费问题。

2. 建立课外活动辅导队伍，加强对课外活动的指导和管理

没有一支课外活动的教师辅导队伍，就难以开展好课外活动。课外活动师资辅导队伍的状况，对活动质量有决定性的影响，学校领导必须有意识地选择和培养一批事业心、责任心较强，有一定组织能力，并且具有开展课外活动所需专长的人员组成辅导队伍。为这些辅导人员提供接受培训的机会与条件，逐步提高他们的专业水平和辅导能力。班主任应负责指导、组织本班的课外活动，任课教师负责组织本学科的兴趣小组，同时有重点地组织和培养有特长的学生。班主任与任课教师作为这支队伍的主力，应把开展课外活动看作自己的分内工作，积极主动地投入这项工作中。除在本校教师中选派辅导员，也可聘请社会上一些热心青少年教育工作、品德高尚、具有业务专长的人担任校外辅导员，如退休老干部、老教师、老工人、劳动模范、解放军战士等，把他们充实到这支队伍中。

3. 重视和发挥共青团、少先队组织在开展课外活动中的作用

共青团、少先队组织的课外活动具有相对独立性，被称为团队活动。它是学校课外活动的重要组成部分，学校领导应重视和加强团队活动。共青团、少先队是学校中学生的集体组织，学校通过这些学生组织开展课外活动，容易调动学生的积极性与主动性，培养他们自己教育自己、自己管理自己的能力。学校要选择一些思想好、能力强、热心工作的学生来做团队工作，教师和班主任也要经常关心团队活动，保证团队活动的时间，尽可能提供必要的条件，支持并指导他们开展多种形式的适合青少年特点的活动。

少先队的基本任务是引导他们好好学习，天天向上。少先队对儿童的教育主要是通过组织活动来实现的。少先队活动的形式多种多样，主题队会是少先队活动的基本形式之一。少先队要根据少年儿童的特点开展生动活泼、充满乐趣并具有教育性的活动。

4. 利用有利条件，争取家庭和有关社会机构配合

我国幅员辽阔，各地情况千差万别。因此，学校开展课外活动要充分利用本地的资源、优势，不能盲目照搬外地的经验。比如大城市和农村条件有差别，课外活动的内容与形式也会有较大的差别。大城市有博物馆、文化馆、图书馆、动物园、植物园等，可以利用这些场所开展多种形式的课外活动。农村有自己的特点，处在自然环境中，有山有水，有农田，有牧场，有菜园，这些场所都可以作为校外大课堂，开展课外活动，对学生进行生动的直观教育。学校只有因地制宜地开展课外活动，才能取得良好的教育效果。

在充分利用当地条件的基础上，还要发挥学校现有的优势开展课外活动，形成自己的特色与传统。要尽量发挥学校现有图书馆、实验室、音乐教室、美术室、电教室在课外活动中的作用。

课外活动不像课堂教学主要以教室为阵地，完全由学校和教师直接领导。从时间和空间两个方面来看，课外活动更容易受到社会与家庭因素的影响。因此，开展课外活动必须主动争取社会有关机构及学生、家长的支持与配合。如果没有社会有关机构、有关人员、学生、家长的配合，课外活动往往无法顺利进行。

（二）开展课外活动的基本要求

1. 要有目的、有计划地开展课外活动

课外活动的目的性和计划性强弱决定了其教育作用的大小。尽管课外活动的内容与形式灵活多样，不受教学大纲、教科书的限制，课外活动的组织本着学生自觉自愿的原则参加，但是它和教学活动一样都是学校教育的必要组成部分，都是实现教育目的的重要途径，必须有目的、有计划、有组织地进行，不能停留在学生自发进行活动的状态。

课外活动的实施必须有明确的目的，不能"为活动而活动"。每一具体活动都要有明确的目标，应当服从宏观的教育目的，即要有利于学生德、智、体、美、劳全面发展教育的实施，促进学生身心全面发展。

要将课外活动纳入学校工作的整体计划，成为学校工作的一个有机组成部分。课外活动内容广泛，形式灵活多样，只有有计划、有组织地进行，才能保证与课堂教学步调一致；只有相互配合，才能保证课外活动真正、有效落实，取得良好效果。制订活动计划，从总体上看既要有连贯性，又要有阶段性。活动的具体计划，要符合儿童的兴趣、需要和年龄特征。

明确课外活动目的、制订课外活动计划的工作可以由教育者（教师或社会教育机构工作人员）完成，也可以由学生独立完成，但对中小学生来说，更多的则应由教育者指导学生共同完成。教育者制订的活动目标和计划有可能接近完美，但不易被学生理解和接受。学生独立地制定活动目标和计划可以很好地锻炼学生的能力，但他们制订的目标和计划往往不尽完善，进而导致活动出现这样或那样的问题。所以教师宜采用启发、诱导的策略，指导学生相对独立地制定出活动的目标体系和详尽的计划，在提高学生能力的同时，保证活动顺利开展，取得良好成效。

2. 课外活动要丰富多彩，富有吸引力

课外活动是本着学生自愿参加的原则组织实施的，各种新颖、有趣的活动能激发学生参加活动的愿望和要求，形成他们自觉接受教育和锻炼的最佳心理状态，从而取得良好的教育效果。因此，活动要尽可能丰富多彩，富有吸引力，使更多的学生有可能选择参加自己喜欢的活动。如果活动单调乏味，缺乏吸引力，学生不愿参加，就会失去课外活动存在的意义。

活动的知识性与趣味性相结合是增加活动吸引力的重要方面。青少年精力旺盛，兴趣广泛，求知欲极强，因此，要使活动具有吸引力就必须注重活动内容的知识性。通过课外教育活动，使学生不断接触新的知识信息，开阔他们的眼界，丰富他们的想象，最大限度地满足他们的求知欲，而缺乏知识性的活动不仅教育价值极低，而且也难以受到学生的欢迎。活动的知识性还要与活动的趣味性相联系。一方面，趣味性与知识的内容有关，知识本身如果能满足学生的求知需要就会使学生感兴趣。另一方面，趣味性与活动的形式有关，知识性的内容必须与符合学生年龄特征的灵活多样性相结合，才能使活动具有趣味性。如竞赛、参观、访问、游览、组织晚会等活动形式，就非常受学生欢迎。

3. 组织课外活动要贯彻因材施教原则

因材施教是任何教育活动都必须遵守的原则，在课外教育活动中，因其灵活性大，更应突出体现这一原则。只有认真贯彻因材施教的原则，才能充分体现课外活动的特点，弥补课堂教学的不足。

在组织活动的过程中要让每个学生按照自己的兴趣、爱好与需要自愿参加一个小组的活动，经过实践锻炼发展特长。切忌用同样的要求、同样的标准去要求不同的学生。同一性质的活动在不同年级要考虑学生的年龄特征，提出不同层次的要求，不能强求一致性。

4. 既坚持学生自主原则，又重视对学生的实践指导

自愿、自觉、自动是课外活动的特点，课外活动是为了培养学生独立思考、独立探索、独立工作的能力而开展的。因此，必须让学生成为活动的主人，在活动中坚持学生自主的原则。

教师或辅导员在课外活动中起着指导作用，但在开展活动的过程中必须尊重学生的意见，注意调动学生的积极性和主动性。一般说来，课外教育活动不是学生自发组织的，它是学校或教师根据教育要求和学生的实际情况组织开展的。教师必须正确把握活动的

方向，成为活动的辅导者、参与者，对学生的实践进行有效指导。活动前，要引导学生提出问题，并为达到目的积极创造条件；活动中，对出现的疑难问题要因势利导，帮助解决；活动后，要指导学生做好总结，使他们获得继续发展的动力。

第四节　学校与家庭教育关系协调

当前，制度化的学校教育在所处的剧变和革命的时代中，难以应对社会的需求，封闭的、模式化的体系与动态的、开放的社会不相适应。这就使得社会的变化不能及时反映到学校教育中来。学校教育若缺乏对社会变化的敏感性，就难以发挥它应有的作用。变封闭、模式化的为开放、动态的学校教育体系是新时代的要求。面对当前社会的各种挑战，学校单方面已无力应对，必须寻求社会各方面的支持与配合。这种努力的目的不仅在于使学校能够生存、发展下去，而且直接地关系到我们下一代的教育，关系到我们祖国的未来！因此，来自家庭与社会方面的合作是至关重要的。

一、学校与家庭联系的基本内容和方式

（一）学校与家庭联系的必要性分析

1. 家庭教育的必要性与优势

家庭是人生教育的主要的、关键的场所。《周礼—大学篇》中"治国在齐家"的思想，便说明了家庭教育的重要性。我国从古至今一向重视子女教育。《三字经》中就有"养不教，父之过"的语句。历史上像训诫、家书、格言、治家等家庭教育小册子数不胜数。北齐颜之推在《颜氏家训》中说："父当以教为事。""当及婴稚，识人颜色，知人喜怒，便加教诲，使为则为，使止则止，比及数岁，可省笞罚。"宋朝袁采在《袁氏世范》中说："国家之本，子孙是也。""不知教，自弃其家也。"一些家教故事，如孟母三迁、岳母刺字等更是广为流传。

家庭教育是个体整个社会化过程中的关键时期，家庭教育的主要对象是婴、幼儿和青少年。他们正处在大脑迅速生长发育时期，也是潜意识学习的最佳时期和人格陶冶的最重要时期。家庭社会化方向的"舵手"自然非家长莫属。家长和儿童的特殊关系决定了家长在儿童的身心发展中起着非同一般的作用。由于父母和子女之间的血缘关系，其天然的亲子之情是无可比拟的，有研究表明：人与人之间的感情越亲密，相互之间情感的感染性越强，感化作用越大；反之，则感染性越弱，感化作用越小；如果人与人之间在感情上对立，那么，相互之间的感染性就发生相反的作用；人与人之间没有感情，就没有什么感化作用。颜之推在他的家庭教育专著《颜氏家训》中，开宗明义地指出："夫同言而信，信其所亲；同命而行，行其所服。"这就是说，同样的话，人们一般都更相

信关系密切、感情亲近的人所说的；同样的指令，人们一般首先听从自己心目中有威信的人所发出的。父母和子女由于特殊的血缘关系，他们之间容易产生感情上的共鸣，直接影响到子女的情绪、态度，甚至决定子女的行为。

另外，在一般情况下，父母不但和孩子接触最早，而且和孩子接触的时间最长。长期的共同生活和特殊的亲子关系，使得父母有时间能深刻而系统地了解子女的全面情况，从而做到家庭教育从孩子的实际出发，有针对性地进行教育。这种针对性也因家庭教育中受教育者（子女）少而更加鲜明。个别教育、因材施教是家庭教育的优势。

家庭教育的优势和家长的教育力量是其他教育难以具备的。一般来说，父母的要求，往往能成为孩子生活的准则和行为的规范；父母对周围人和事物的态度、评价标准，则能成为孩子评价是非善恶的依据。有研究指出：儿童时期记录在大脑中的"父母意识"，即由父母或相当于父母的人身体力行、言传身教所提供的"外部经验"，将永久地汇合在每个人的"人格"磁带上，"它在人生的过程中将会自动播放，这种播放具有贯穿人生始末的强大影响"。

2. 家庭教育的不足与问题

在教育子女上，部分家长还有一种错误的观念，即认为"病要大夫看，孩子要教师教"，把教育子女的责任完全交给了学校。他们只负责从经济上、生活上满足子女的需要。这部分家长一方面缺乏责任心，另一方面也缺乏教育的自我意识，认为教育就是有意识地去影响孩子，没有认识到无意识地潜移默化地影响也是教育行为，在不知不觉中把自己的毛病或错误的观念传给了子女，还怪学校、老师没有教好。

另外，家长缺乏教育子女的能力，父母教育子女的时间和精力有限，家庭生活氛围不好，家庭环境比较复杂，家长有对孩子影响不良的言行等，都是家庭教育局限性的体现。

3. 学校与家庭相联系容易形成合力

学校是专门从事教育工作的机构，是促使儿童青少年社会化的专门场所。它的一切活动都是从培养造就人才出发，服从于教育工作，并为培养人才服务。因而学校可以有效控制其教育环境，抵制那些影响学生成长的不利因素。

学校教育是教育者（教师）依据一定的教育方针，有目的、有计划、有组织地对受教育者（学生）进行培养教育的社会化活动。它能按一定社会需要，根据教育大纲的要求，遵循儿童身心发展的规律，选择适当的教育内容，采取有效的教育方法，利用集中的时间，对学生进行系统的教育和训练。学校教育的组织性、计划性和系统性，以及教育教学的一切物质设施等，都是家庭教育所不能比拟的。

同家庭教育天然的连续性相比，学校教育具有阶段性。一个人从低年级到高年级，从低一级学校升入高一级学校，要有一个衔接和过渡的过程。在升学的过程中，有许多变化：学校、班级的更换，集体重新组合，对新的环境和同学要有个熟悉的过程；师生之间要有一个相互认识、了解的过程；教学内容加深了，难度加大了，课程门类增多了，学生要有一个从不适应到适应的过程。这些变化总会使学生在一段时间内产生心理和情绪上的不稳定，或多或少会影响教育教学的效果。另外，如果在这一过程中教育要求不一，前后脱节，不仅会大大延缓教育的进程，也不能使学生形成良好的习惯。要解决好这一过渡问题，缺乏家庭的帮助是很困难的。学校是专门的教育机构，可以对影响学生的校内环境进行控制，但却难以对校外环境进行控制，而中学生几乎仍有相当一部分时间是在家中度过的。这段时间若没有良好的家庭教育的弥补，这种环境若缺乏家长的控制，学校教育"孤掌难鸣"，不可能达到应有的教育效果。

家庭教育和学校教育都有各自的优势和局限性。强调家庭教育的优势，并不是要家庭教育来取代学校教育，而是用家庭教育的优势来弥补学校教育之不足；强调学校教育的优势，也不是为了让学校教育代替家庭教育，而是要学校教育指导家庭教育，最终使家庭教育再来支持和强化学校教育。这种优势的相互利用和互补正是家庭与学校相互配合的目的所在。苏霍姆林斯基说过：儿童只有在这样的条件下才能实现和谐的全面的发展，就是两个"教育者"——学校和家庭，不仅要行动一致，要向儿童提出同样的要求，而又能志同道合，抱着一致的信念，始终从同样的原则出发，无论在教育的目的、过程还是手段上，都不要发生分歧。

（二）家庭与学校联系的方式

学校与家庭联系与合作的内容与形式纷繁复杂、多种多样，以致人们在对其进行分类时，因参照的角度不同而产生了不同的分类体系。

1. 按合作活动中家长担任的角色分类

其一，作为学生家长参与。这类参与的具体方式有家长会议、家长小报、家长学校、家庭教育咨询、家校书面联系、电话联系、个别家长约见等。在这些活动中，家长与教师的面谈，经常只限于讨论个别孩子的教育问题（通常是纪律问题），而与学校整体教育工作无关。家长只对自己孩子的进步感兴趣，学校则要求家长尽最大的努力来促使其孩子进步。教师与家长的关系保持着一定的距离，联络性质大多是单向的，家校双方的交流是这些活动的主要特色，参与的目的是学校得到家长对其孩子教育的支持，家长在活动中学习有关教育理论和方法。

其二，作为学校活动的自愿参与者，自愿为学校提供无偿服务。自愿参与的活动范围很广。家长可作为班主任的辅助人员帮助教育学生；可就某门学科对学生进行个别指导；可就自身经历给学生做非正式报告；可利用自己的特殊才能对学生进行课外辅导；也可帮助学校做一些不直接与学生打交道的工作，如负责图书室、家长室的工作，设计或整理课堂的资料和学习游戏等。另外，可帮助进行残疾儿童教育、职业指导。显然，这种类型的参与已渗透到学校日常教育活动甚至课堂教学。

但是，以这种身份进行的参与活动对家庭和学校都有较高的要求。家长须有较高的文化素质和修养，甚至是某方面的专家，要有积极的参与欲望；教师或其他专职人员须有较强的组织才能和合作技能。

其三，作为学校教育决策参与者。家长应参与学校教育决策的全过程，即决策形成、决策执行和决策监督的过程。

2. 按家长参与的活动层次分类

其一，形式的参与。这是最表面化的参与层次，通常由学校主宰着这类活动。家长在得到邀请时访问学校，参加家长会议、开放日、作业展览等活动。另外，家长联系本、家长小报、家庭教育通信等也属此类。这一层次的参与作用与作为"支持者、学习者"的家长所参与的活动作用相似。

其二，人际的参与。这是一种双向交流式参与，家长与教师在较亲切的气氛中相互交流信息、意见和建议。像经常性家访、家长参与课堂教学和课外活动、帮助制作教具、为学校募集资金等均可列入此类。这一层次的参与兼有"作为支持者、学习者"的家长和"作为学校活动自愿参与者"的家长所起的作用。

3. 按家校合作活动的目的分类

家校合作活动应该以其合作目的来划分。学校要求家长参与教育活动是为了实现下列某种目的：

解决目前教育中存在的问题（如约见家长、成为临时咨询委员会等）；

促使家长参与其子女的教育（如家庭教育指导、开放日等）；

利用社区教育资源来丰富学校教育（如参观博物馆、校外教育基地等）；

吸收家长参与教育决策（如家长咨询委员会、家长—教师协会等）。

尽管家校合作活动分类因人而异，但有一点是共同的，即家校合作活动是由低层次的了解情况及沟通到高层次的进入校内参与管理和决策。

家校合作，并无固定模式可依。每所学校的特性和需要不同，校长和教职员对家长参与学校教育的认识和技术准备不同，学校管理的方式和能力不同，学校周围的环境不同，家长的文化、教育素养和对学校的态度不同，家长参与的能力和需要的层次不同……诸多因素决定了家校合作因校而异，不能采用同一模式。

二、校外教育

（一）校外教育的内涵

青少年学生的校外教育，是指由政府或有关教育机构、企事业单位、社会团体及个人、城市社区、农村乡镇等，依据国家法律法规和教育方针，根据青少年学生（主要指未成年人）的成长规律和发展需要，在家庭和学校以外面向全体未成年人实施的有目的、有计划、有组织的教育活动。它是具有中国特色的社会主义教育事业中基础教育的重要组成部分，也是我国终身教育和社会教育体系的组成部分，是实施素质教育的重要途径。

（二）校外教育的特点

现代校外教育与学校教育的相同点是对象一样，目标一致。不同点是学校是在校内以课堂教学、集中授课为主，具有较强的统一性和规定性。校外教育是在校外场所、户外场地或是野外进行的，以实践锻炼和活动体验为主，是以学生的主体意愿和个性的发展培养为主，具有如下特征。

　　其一，公益性。这是由现代校外教育的性质和目的决定的。因其公益性，就应坚持教育的公平性，坚持以育人为总目标的办学方向；坚持以政府投入为主、社会多方参与；不断扩大儿童享受公共服务的公益性和受益的质量。

　　其二，开放性。现代校外教育的开放性表现在以下三个方面。一是教育思想的开放性。现代校外教育不是学校教育的补充，也不是特专长的培训，更不是学校"应试教育"的延伸，而是极具素质教育内涵和现代生活理念的以儿童及其发展为本的一种教育文化。它虽然还没有形成一个独立的教育类别，却是开放的基础教育层次结构和素质教育结构中的重要类别，而这是具有独特功能和特殊意义的一种教育类别，它是促进人的社会化和社会文明进步的重要手段。二是教育资源整合和利用的开放性。这是组织形式的开放性，它不受学校课堂教学时间、空间的束缚，尽可能扩大儿童的视野和活动的空间，使其增加与生活、社会、自然、同伴接触、交往的机会。三是教育内容的开放性，它为儿童提供的不只是知识和技能层面的内容，还有各种有利于提高儿童综合素质、特长培养和个性发展的丰富多彩的活动内容。

　　其三，体验性。体验教育是以学习者为中心，具有明显主体性的习得过程和自我感受。现代校外教育是通过活动和实践，让儿童亲身体验来实施教育的，让儿童在"做中学，学中做""玩中学，学中玩"，在带有游戏式的学习与实践中体验"愉快的活动，活动的愉快"，在劳动与磨炼中，体验甘苦，学会感恩，担当责任和与人合作。这种体验不仅能使儿童拥有属于自己和互动同伴们的亲身经历，还拥有内心需求及所获得的各种真实感受，这种内心体验很容易转化为儿童行为的动力，也是儿童认识世界、了解社会、体味生活、养成道德的有效途径。

　　其四，闲暇娱乐性。闲暇娱乐是儿童的权利。现代校外教育需要自己的教育内容，应该有与学校教育相衔接的内容，还应该有儿童在闲暇时间的生活内容。对于广大儿童来讲，现代校外教育可以提供的闲暇娱乐生活和教育活动，可以丰富他们的生活内容，提高他们的成长质量。

　　其五，服务综合性。未成年人的校外教育，不像学校教育那么单一，它除应为未成年人提供必要的具有教育意义的服务外，还应为其提供公共性的生活服务（如闲暇娱乐式服务、亲子活动服务等）。未成年人在校外的专门活动场所，因其服务的综合性，则可以办成未成年人校外教育和生活的"超市"，其服务内容可以是未成年人自主选择的，也可以是有品牌优势的，又可以是由学校"团购"的，还可以是由政府"埋单"的。当然这些服务是不以赢利为目的的，可以是免费的或者是低收费或只收取成本费的。

第五章 高校教育课程考试管理创新

第一节 高校课程考试管理概述

一、考试管理的含义

考试的概念有广义和狭义之分，本章中的"考试"是狭义的考试，即由主试者根据一定的社会要求，在一定的场所内，采取一定的方式方法，选择适当的内容，对应试者的德、学、才、识、体诸方面或某方面所进行的有组织、有目的的测度或甄别活动。因其性质、目的、内容、方法、手段的不同，考试可分为众多类型，如根据目的的不同，考试可以分为配置性考试、形成性考试、总结性考试和选拔性考试，课程考试就包含了其中的形成性考试和总结性考试。形成性考试是在教学过程中进行的各种测试，主要目的是了解教学效果，及时发现教学过程中存在的问题，以便改进，并为平时成绩的评定提供依据。总结性考试是在课程结束后进行的，主要目的是督促学生全面系统地复习，并对学生的学习效果和教师的教学效果做出评价。

高校课程考试是指高校内部根据课程教学目标的要求和高校教育目标的具体规定，自行主持实施的考试活动，包括平时测评和学期考试。其基本任务是检测学生的学习成绩，督促学生学习，发现教学中存在的问题。其目的在于掌握高校的教学情况，改进教学和督促高校教育目标的实现。其功能可归结为下述五种：第一，检查测评功能，即检查和评定学生对课程大纲所规定的基本知识、基本原理的掌握程度。考评和检测学生运用所学的基础理论在实践过程中分析问题、解决问题的能力、创造力和潜力。第二，导向功能，即发挥"指挥棒"作用。通过对考试内容、考试形式的合理安排，引导学生正确学习，使学生达到预定的培养目标；通过严密的考试规程，考试结果的客观评价和公正使用，能培养受教育者务实求真、遵规守纪、崇尚科学的习惯，增强行为主体的责任感、公德意识。第三，激励功能。考试作为一种检查学生学习效果的手段有着反馈作用，而反馈结果又对学生起着激励作用，考试结果可以反映学生的知识掌握程度和能力发展情况，以及所存在的问题。此外，考试作为一种检查教学成果的手段，对教师有着激励作用。考试结果反映了学生的学习情况，而学习情况又反映了教师的教学投入、教学内容、教学方法和总体教学水平，教师可通过考试结果总结发现自身的薄弱环节。第四，鉴定功能。教育管理部门通过对考试结果的分析、认可后，依据有关规定，对学生、教师和教学管理人员进行鉴别，以区别优劣，进行奖赏。第五，系统整合功能。由于学生平时学习时节奏较慢，各知识之间难以做到全面领会，而考试来临之际，学生已完整地学过一门课程理论，他们可以将所学的基本知识和基本技能进行系统、全面的归纳、整理，进一步地将各部分所学的内容有机地联系起来，以达到融会贯通。学生的归纳综合能力、思维能力、创造能力和自悟能力在这一过程中可以得到全面系统的综合发展。考试功效的实现是需要一定条件的，离开了一定的条件，考试功效非但不能实现，甚至还会严重地扭曲。那么，这一定的条件是什么呢？它就是量尺标准、实施规范、结果真实和使用公正，其中任何一方面出现偏误，都将影响考试功效的正常发挥，而这些条件的创设，就必须依靠严密科学的考试管理。

二、考试管理的功能

考试管理是以考试活动为对象，以提高考试活动效率、实现考试活动预期目标为目的的专门性的管理活动。高校课程考试管理则是以高校课程考试为对象，以提高考试活动效率，检测教师课堂教学质量，发现教学中存在的问题，充分评估学生的学习效果和学习创造能力为目的的管理活动。严密科学的考试管理具有以下功能。

（一）维护考试的权威

现代社会中的各种考试都有其特定的目的，正因为如此，无论什么考试，其程序、内容、方法一旦确定，不管是对于考试的组织者还是对于考试的参加者，都必须受到考纪考规的约束，而通过考试所获得的结果，都有法定的或公认的功用和社会价值，这就是考试的权威。任何一种权威的建立和维护，都离不开一定的条件，那么，建立和维护考试权威的条件是什么？它就是考试的各种规章制度，它是对考试活动全过程的管理。考试管理是保证考试预期目标能够得以实现的条件，即对一切有可能影响、阻碍考试预期目标实现的行为予以劝告、制止直至强行控制的活动。科学而有效的考试管理可以保证考试活动能在公平、公正的环境中进行，加上考试结果的采用同样公平、公正，就会获得学生对课程考试的认可，并积极地参与考试且自觉地维护考试的规章制度。

（二）实现考试的功效

任何社会活动功效的实现都离不开一定的条件，考试活动不仅是一种社会活动，而且是一种特殊的社会活动，只有具备了一定的条件，考试功效才能实现，而这些条件的创设，是必须依靠严密科学的考试管理，把考试活动的全过程置于有效的控制之中。同时，这种控制必须是全方位的。所谓全方位，是指考试活动全过程的每一个方面和每一个环节都必须有严密的控制措施。从考试的各个环节来看，无论哪个环节出现问题，都会给考试的功能造成危害。考试成绩的失真，不能发挥其检查教学效果的作用，也不能使学生比较真实地了解自身在科学文化知识，以及技能等方面的优势与劣势。施测前后出现的问题，如考场设置、考试质量分析等，有时看上去是小事，但如不及时纠正，任其发展，则对勤奋学习者是压抑，对投机取巧者是一种放纵，从而不能实现考试功效。

（三）树立踏实进取的学风

所谓学风，即治学之风尚，立校之根本，它是靠广大师生员工在科学研究、思想教育、行政管理和后勤服务等工作中共同努力建立起来的一种治学态度。因此，学风问题是高校工作中的一项重要的基础建设，是学校教育中一个不可忽视的问题。首先，良好的考风和学风具有很强的感染作用。学风是一种精神力量，它可以被感知、效仿、传播和宣传，从而形成强大的心理影响力和群体舆论，感染并熏陶每一位师生，而且对不适应者形成压力，使个体行为逐步适应群体行为。其次，良好的学风具有激励作用和良好的导向作用。多数学生的良好学风对少数学生的不良学风是一种示范和鞭策，促使具有不良学风的学生转向接受这种行为准则。同时，当坚持良好学风的个人受到学校的表彰时，学生会因之受到很大鼓舞，甚至将这种学风内在化，成为个人治学和成才的座右铭及行为准则。严密科学的考试管理可以帮助学生形成正确的是非观，而是非观是人们思想道德和行为的基础。如果在考试管理中法纪严明，不仅可防止或减少违法、违纪现象的发生，还会引导学生对考纪考规的重要性、严肃性形成正确、明晰的认识，强化执法、守法观念，逐步养成遵纪守法的习惯，增强法律意识，它有利于消除投机取巧的病态心理，树立踏实进取的学风。可见，严格考试管理是促进学风建设的一个重要环节。

第二节　高校课程考试遵循的原则及条件

一、高校课程考试应遵循的基本原则

课程考试是教学过程中十分重要的环节，它不仅要完成对学生在经历一个教学过程后学习情况的评价任务，而且要检查教师的教学效果与水平，诊断教学中存在的问题，反馈教与学过程中的各种信息，进而发挥促进教学改革的作用，它所特有的检查测评、导向、激励、鉴定和系统整合五大功能是其他教学环节所不能替代的。高校课程考试必须适应社会发展的需要，必须适应被考者的身心发展水平，必须有利于促进和客观评价学生综合运用所学知识解决实际问题的能力，必须有利于提高教师教学水平，以保证不断提高人才培养的质量。考试原则是从事考试活动、处理各种考试问题、规范考试行为所必须遵循的基本原则。高等教育学会对高校考试设定了九条原则：①考试应以教育价值为出发点；②考试的成效体现在如何尽可能地把学习的多维性、综合性和实用性反映出来；③考试要关注结果，但同时也要关注产生结果的过程；④考试只有在其力求改进的项目上有清晰、明确的目的时才能最好地发挥作用；⑤考试只有在持续而一贯的体系下才能最好地发挥作用；⑥考试只有在来自教育界人士广泛参与的情况下才能获得更广泛实质的改进效果；⑦考试只有以人们真正关心的问题或需要为出发点并阐明问题才有作用；⑧当考试成为促进教育改革大环境下的组成要件时，它可能引发教育变革；⑨通过考试，教育者向学生和公众尽责。这九条原则的基本精神对于我国高校的课程考试也是适用的。

课程考试管理是一项基本的教学管理，也是保证考试的公正性与客观性，正确发挥考试功效，促进教学工作的关键环节之一。考试管理质量直接关系教风、学风的建设和教学质量的提高，是衡量学校办学水平、管理水平的重要标志。加强高校课程考试管理应遵循以下原则。

（一）方向性原则

考试管理是管理者根据既定考试目标要求，运用适当的程序、方法、手段及行为规范，合理调配人力、财力、物力、信息等资源，对考试活动实行有效控制，以实现共同目标的一种社会活动过程。考试管理既因一定管理目标的需求而启动，又以实现预定目标为归宿，其管理过程的产生与形成均以一定的管理目标为先决条件，而目标本身又要体现出一定的方向；目标的正确与否要以所引导的方向是否正确作为衡量的标准。因此，科学的考试管理必须坚持方向性原则。

（二）科学性原则

科学性原则是指运用现代管理理论、教育测量与评价理论、教育管理理论、心理学理论等作为充分的科学依据，使考试管理活动具有可靠性、可信度，并采用科学的考试管理方法、成熟的管理经验，使考试管理活动行之有效，以利于实现预期的管理目标。

（三）公正原则

考试管理公正与否，关系到考试的权威性，反映的是校风、考风的建设程度，而且，考试直接关系到被试者的切身利益，直接影响被试者的心理，影响着个体对社会的态度。因此，我们要积极地创造条件使考试尽量接近公正。

（四）系统原则

系统是指由相互联系、相互作用的若干组成部分构成的有机整体，这个整体具有其各个组成部分所没有的新的性质和功能，并和一定的环境发生交互作用。考试管理是一项系统工程，它包括教学管理工作、思想工作、后勤保障工作等方面，教学管理部门要妥善安排，使考试工作井然有序地进行。

二、高校课程考试管理运行条件的探讨

考试管理，其目的在于维护考试的标准规范，维持考试实际运作与计划方案相一致，使考试沿着预先设定的轨道运行，同时对不切实际的计划予以及时调整，纠正运行过程中出现的偏差，矫正反馈信息中不确切的数据或结论，保证考试结果的真实性，并从中分析成功与失败的原因，探明修正的途径，通过反馈给新的考试运行提供理论及实践的依据。将考试目的从观念形态转化为现实形态，高校课程考试管理的正常运转应具备以下条件。

（一）健全的考试组织机构

若无健全的考试组织机构，自然也就谈不上深入开展考试实践中相关问题的研究，要不断更新、完善考试的理论，用以指导新的考试实践，进而强化考试并主动适应社会发展需求的能力，使之正确发挥其功能。考试组织是考试队伍的依附体，考试组织不健全，就不可能形成稳定的专业考试队伍，整个考试的设计、实施与管理必然是临时拼凑，量尺标准、实施规范、结果真实的施考目标就难以企及。

（二）素质优良的考试管理队伍

一切先进的控制技术设备，各类考试行为规范，各项工作标准都有赖于高素质的控制者通过对人的有效控制充分发挥其作用，进而给考试运行以积极的影响。培养和造就一支高素质的考试管理队伍是保证考试质量，提高考试效率和效益的需要。参考考试管理系统的运行环节，考试管理队伍可以划分为考试行政队伍、考试业务队伍、考试科研队伍三类。

考试行政队伍是考试队伍中常规性的人员配置组合，它包括学校、职能部门及教学单位的领导者和一般行政工作人员。考试行政队伍的职责是负责考试管理机构各项职能活动的顺利进行和考试管理目的的有效实现。

如果说考试行政队伍的建设是源于加强考试活动外部组织管理的要求，那么，考试业务队伍的建设则是出于考试流程内部运行的要求。考试活动是一个动态的运行过程，其流程要经过命题、施测、评卷等依次相连的环节，各个环节都事关考试的质量。以命题队伍为例，倘若命题人员不能把人才评价标准准确体现于测试内容和目标中，作为充当测试工具的试卷就失去了效用，考试活动的效果、价值也就无从谈起。

考试科研队伍是伴随着现代考试改革和发展的深入而日益显示重要性的一支必不可少的考试队伍，其职责是结合高校教育教学实际，重点研究课程考试的理论与实践问题，

从而为学校的考试活动提供理论指导。高校课程考试时间的非经常性决定了考试管理队伍的非专职性，也就是说，他们基本上都是兼职考管人员。应该特别指出的是，为了保证课程考试质量的不断提高，非专职性的考试管理队伍应该具有专业的水平。

（三）健全的考试规范、严密的考试程序和科学的考试控制标准

它们是实行考试控制的依据和准则，是引导考试运行方向、防止考试运行偏离预定轨道的保障措施，同时，它也是维护考试权威性、公正性的必要条件。所谓考试规范，亦即考试运行的规程和参与考试活动各类人员的行为准则，它是控制考试运行的直接依据，一般包括考务规程、命题细则、监考守则、考场规则、评卷实施细则、考试信息管理规定、保密规定、违纪处罚规定等。严密的考试程序是指从考试命题、实施到评价分析反馈、考场编排、各类工作人员配置等各个环节都要严格要求，注重考试的整个过程。科学的考试控制标准包含时间标准，如命题制卷、考场设置、施测、阅卷评分、考试结果分析处理等的起止时限要求；数量标准，如考点设置、考场编排、试卷长度和满分值、试卷印制与分装、施测环节各类工作人员配备、阅卷人员及所需设备配置的数量规定等；质量标准，如考号及考场编排的科学性，考点、考场设置的规范性，各类人员配置的合理性，施测控制的严密性，试题编审和试卷印制的合格率，试卷分装的标准性，评分、计分、登分、核分的准确率或差错率以及考试成绩的可靠性、有效性和公正性等。

（四）良好的信息传输与反馈机制

倘若没有确切的信息反馈，科学的统计方法和先进的技术手段就谈不上对考试流程进行富有实效的控制。从整个考试的过程来看，考试质量分析是信息反馈的主要途径，应该根据考试结果为学生提供反馈，以检查教学目标的实现情况，检查教学措施的实施效果，发现教与学两方面存在的问题，从而改进教学工作。研究表明，运用反馈以增加学生课堂反映数量和提高学生课堂反映质量的教学，对促进大学生批判能力的发展有一定作用。从教师自身而言，在试题反馈分析的过程中，能够及时收集来自学生的真实信息是一次向学生学习和自我学习的过程，通过试题反馈分析，教师不仅了解了学生的学习需求与希望，看到了命题中需要改进的问题，还能从这一教学情景中获得许多启示和感悟，通过与学生交流，促进教学反思，在反思中学习，在反思中丰富教学经验，从而提高教学能力。从教学管理的角度而言，组织试题反馈分析的过程就是检查、反思、总结、促进教学相长的过程，它为今后命题、考试、评价等诸方面教学管理工作积累了宝贵的经验，同时也为教学双方提供了一个平等、真诚的教学交流和情感互动的平台，对师生双方都起到了积极的促进作用。通过考试的质量分析，能够使考试决策层及时客观地了解考试的情况，从而对考试活动中出现的种种偏差进行分析，以探明考试造成偏差的原因，并进行调节和控制。良好的信息传输与反馈是保证考试决策正确的重要依据，也是促使考试走向科学化的必要措施。

第三节　高校课程考试管理改革的对策

高校课程考试管理是一个由多因素组成的相互制约、相互促进的封闭的动态系统，因此，改革高校课程考试管理应该坚持系统论的观点和方法。

一、推进考试观念的深层次转变

转变高校领导、教师、管理人员乃至学生对于课程考试的观念，是推进高校课程考试改革的前提和基础。关于考试观念的转变，必须解决以下三个问题：首先，必须正确认识考试在人才培养中的作用与地位。考试在人才培养过程中的五种功能，是其他教学环节所不可替代的，这是因为它在人才培养过程中的作用与地位，也是一种客观存在。其次，到目前为止，高校从领导到教师再到一般教管人员虽然对此有所认识，但在实际工作中并未重视其作用的发挥，或基本没有研究过如何去发挥这种作用。唯有了解和掌握考试的理论，运行规律、方法与技术，才有可能在课程考试中正确、有效地运用这门科学。最后，必须正确认识考试管理是一项关系考试成败、人才培养质量的系统工程。考试活动是一门科学，考试管理活动是考试活动的重要组成部分，因此，考试管理理所当然也是一门科学，考试管理不仅是一门科学，还是一项系统工程。对于高校领导、教师和教管人员来说，一要真正认识考试管理是一门科学，是一项关系考试成败、人才培养质量的系统工程；二要学习、掌握这门科学，了解、熟悉这一系统工程的特点、运行规律和控制理论与方法等。唯有如此，才能够确保课程考试组织实施的科学有效性。

二、建立考试中心，完善考试管理规章制度

考试管理要系统化、规范化，首先必须建立健全考试管理机构。考试是一项系统工程，为保证考试的顺利进行，提高考务人员的业务水平和考试管理质量，高校应该成立考试中心，统一管理高校课程考试。作为高校考试的综合管理机构，考试中心的职责与任务包括以下几点。

（一）统一规划、组织和实施高校的课程考试

传统课程考试的模式是高校制定统一的要求，各教学单位自行命题、制卷、施测、评卷、登分，有的高校有总结评估的环节，有的高校没有。课程考试事关人才培养质量，又是一项科学性、技术性很强的系统工程，应该由学校即考试中心统一规划、组织和实施。

（二）建立、完善课程考试管理规章制度并坚持严格实施

课程考试的主要目的或功能是育人，是有利于人才的培养和成长，为了实现这种功能，达到这种目的，课程考试及管理就必须科学严密，故对其管理必须有一整套科学、合理、严密的规章制度，并在课程考试中坚持严格实施。

（三）针对学校课程考试的实际和需要，开展课程考试的评估与研究

对实施的课程考试组织分析、评估和根据需要开展针对性研究一直是高校重视不够的薄弱环节，而这又是一项提高课程考试质量，促进人才培养质量提高的重要工作，所以，这将是考试中心的一项十分重要的任务。

（四）承担考试管理方面的人员培训

课程考试的监考人员一般是临时的或兼职的，对其进行培训是必需的，如组织他们学习《监考须知》《学生考试行为规范》以及《考试违规处罚条例》中的各项条例等，要求他们以高度的责任心和严肃认真的态度对待每一场考试。

三、培养和建设高素质的考试管理队伍

精干的考试管理队伍，是有效发挥考试管理功能的根本条件之一。严明的法纪可以使考试管理从制度上得到保障，健全的机构可以从组织方面保证考试管理功能的正常发挥，但如果没有一支精干的考试管理队伍，无论多么严明的法纪、多么健全的机构，都很难产生实效。课程考试属校内考试，与社会考试相比，其规模较小，只是学校工作中的一项，而且时间上是间断的，然而，这一切并不意味着课程考试管理就不需要高素质的管理队伍，所以，高校应重视课程考试管理队伍的建设。考试管理队伍包括：①科研队伍。考试实践证明，没有科学的考试理论做指导，就不会有成功的考试实践，尤其是现代的考试管理，更需要科学的管理理论、方法、技术和手段。只有在考试管理实践的过程中，有重点、有针对性地开展考试及考试管理方面理论、技术、方法等的研究，才能使考试工作决策符合科学化的要求，从而发挥考试应有的功能，并促进学校发展。②行政队伍。考试行政队伍直接关系考试管理机构各项职能活动的顺利进行和考试管理目的的有效实现，对提高考试管理工作质量具有重要的意义。③业务队伍。考试业务队伍是根据考试流程的运转出现的，随着各自环节职能的实现，相应的业务队伍也就暂时失去存在的需要。它包括命题队伍、实测队伍、评卷队伍及评价、监督队伍。

兼职性、非常设性和专业性应该是高校课程考试管理队伍的基本特征，也应该是高校抓考试管理队伍建设过程中应遵循的基本原则。所谓兼职性和非常设性是指课程考试管理队伍的组成人员不可能是专职的（学校考试中心的人员例外，这一部分人员只占整个队伍的很小的比例），他们平时可能工作在校机关、教学单位或学校的其他单位，只是在学校组织课程考试时才成为考试管理人员。所谓专业性是指这支队伍的成员应该具有专业化的水平，即他们中的绝大多数人虽然不是以考试管理为职业，但他们都应该了解和熟悉自己在考试管理中所从事的那一项工作，必须了解和熟悉的理论、技术等专门

知识技能，并具有做好这项工作的较强的能力。没有职责就无所谓管理，高校对这支特殊队伍的管理也应同其他队伍的管理一样，分工明确，职责明确，考核明确，奖惩明确。

四、实施科学的教考分离

教考分离制度是一种现代教学管理手段。所谓"教考分离"是指将教学与考试分离进行，即将过去某一课程由任课教师自己命题、自己评分的做法改为从规范、标准的试题库中筛选、组合出符合要求的试卷，或由教学管理部门组织教学经验较为丰富的非任课教师依纲命题，并统一组织考试，统一评阅试卷。实行教考分离的目的是提高考试的质量和水平，为学生成绩的评定、教师的教学评价以及教学管理决策提供科学的依据。它有利于促使教师授课全面系统地贯彻教学大纲的各项要求，促进学生端正学习态度和良好学风的建设，这样既能促进教师的教，又能促进学生的学，充分体现了教师的主导作用和学生的主体作用相结合的教学原则，充分调动了师生的积极性。

推行高校的教考分离需从以下四点入手。

（一）加强宣传，统一思想

教考分离势在必行，但大部分教师与教学管理人员对此认识还不足，心理上也还不太适应，甚至认为推行教考分离是对教师的不信任，表现出明显的抵触情绪，这在一定程度上增加了推行工作的难度。因此，推行教考分离的首要任务是加强对教考分离制度作用和意义的宣传，从学校上层、中层到教师，层层推进，调动各方面的积极因素，使认识统一到培养合格人才上来，以便有利于逐步实施教考分离制度。

（二）科学合理地安排实行教考分离的课程

从教学总体效益上讲，并非每门课程实行教考分离都是有利的，如文科类的一些课程，本身要求学生涉猎广泛，如果把试题局限于课堂内的几本书，显然不利于培养学生的综合能力；又如理科的一些专业性很强、难度很大的后续课程，学校常常只有少数教师熟悉课程内容，推行教考分离也不太切合实际。因此，学校应该在充分调查研究的基础上，科学合理地安排实施教考分离的课程。

（三）积极修订教学大纲，为课程实施教考分离建立前提条件

多年来，不少高校的课程大纲建设一直滞后，不能适应时代的变化，还有很多课程没有教学大纲，原因是在以前教考合一的制度下，课程缺少大纲的矛盾暴露得并不明显。教考分离制度将教与考分为两条线，没有课程大纲则无法组织有效的教学，更无法组织有效的考试。因此，高校应积极组织力量修订、制定课程大纲，为课程实施教考分离创造前提条件。

（四）建立高质量的题库，使教考分离更科学化

实行教考分离的重要途径是建立科学的题库，科学的题库可以提供各种规格、各种层次及科目的试题，采用试卷库的试卷可以克服由于教师命题随意性带来的信度差和效

度差的弊病，试卷库的试卷是由水平较高的非授课教师参加阅卷，这在一定程度上预防和杜绝了授课教师在考试环节中参与作弊的现象。学校内部考试通过这方面的改进可提高校内考试的质量与权威性，但建设科学的题库、卷库并非一蹴而就，它既是一项阶段性的、由多方人员合力攻坚的综合技术工程，又是一项长期的、由专业技术人员不断充实、革新、完善的系统工程。在高校中因学科、专业的多样性，试题要注意学科性、专业性以及适应学生能力、教学水平变化的需要。

五、考试方式多样化

学校应鼓励教师根据本门课程的性质选择灵活多样的考试方式，突出课程的考核重点。根据我国的实际情况，高校基本的考试形式可采用以下七种：①闭卷考试。指考试中不允许携带和查看任何资料的一种用笔答卷的考试方式。②开卷考试。指考试中允许携带和查看资料的一种用笔答卷的考试方式。该方法根据允许携带和查看资料的限制情况，可分为全开卷考试、有限开卷考试和一页纸开卷考试。全开卷考试指考试中允许携带和查看任何资料；有限开卷考试或一页纸开卷考试是指考试中允许携带和查看规定资料或写有学生自己总结和归纳课程内容的一页纸。③口试。指应试者通过口头语言来回答问题的一种考核方法（含答辩考核），它是面试中常用的一种。④成果考试（如设计、论文、报告、成品等）。指应试者就某个具体问题或任务、项目通过查阅资料、计算、绘图和制作等环节，用规范的方式做出书面表达或形成实物作品的一种考核方法。⑤操作考试。指通过应试者现场操作或具体的工作实践，直接检测应试者所具备的从事某种工作的现有素质、技能与能力的一种方法，包括实务作业、样本操作和模拟操作等测试方式。⑥计算机及网上考试。指直接在计算机上答卷的一种考试方式。⑦观察考核。指通过对学生一定时期的观察，对其做出评价的一种考核方法。

每种考试方式各有其特点，单凭一种考试方式不可能全面反映学生综合运用知识的能力，应采用其中几种方式相互组合以取长补短，这样既可以考查学生掌握知识的程度，又可以检验学生运用所学知识解决实际问题的能力，使考核结果更全面。还可以通过奖励措施，鼓励并引导学生从多方面、多角度，用多种方法来解决同一问题，以培养和发展学生的创造思维能力。选择最佳的考试方式是提高考试效度的重要途径，适当灵活的考核方式能够进一步提高学生的学习主动性和自觉性，从而进一步巩固和深化所学课程的知识，举一反三、触类旁通，这样既能帮助学生克服死记硬背的学习习惯，又能锻炼他们各方面的学习能力，从而达到育人的目的。改革考试形式并不是简单、孤立的问题，它需要各方面的配套改革措施，需要有规范的教学政策和条件来支持，尤其要求改革传统的教学管理体制。考试形式与教学思想、教学内容、教学方法、课程安排和师资队伍建设等都密切相关，所以，考试方式的改革不仅需要鼓励广大教师改革考试的内容，还需要各方面的配合与合作才可能取得成功。

六、实行全程管理

考试管理分为考前管理、考中管理和考后管理，如某一环节工作不到位，就会失去考试的真实性、客观性和公正性，达不到考试的真正目的和效果。因此，要达到考试的目的与效果，就要对考前的计算机抽题组卷、试卷打印、分装保管、保密等做到可靠，对考场、考号编排做到合理，对监考人员业务培训做到熟练；考试结束后，要实行统一阅卷制，要建立试卷分析制度，要进行考试后的评估。要使用现代化的手段科学编排考场，对考场编排应按考场的大小确定考生人数，实行单人单桌，考生之间间隔两个以上座位，学生凭准考证或学生证进入考场，对考生实行保密号就座的方法，即每场考试前由计算机对考生随机编号，考前 15 分钟由班主任宣读每个考生的保密号，考生按保密号进入相应的考场，并对号入座参加考试，考试时把保密号填写在试卷的指定位置上。考试成绩评定后，可将保密号及分数输入计算机，系统就会自动对号还原成学生成绩。考试质量分析和信息反馈是现代考试流程的一个基本环节，是现代考试管理的一项常规工作，通过考试质量分析这个环节获取的大量信息经过整理、研究，并及时进行信息反馈，对于改进和完善考试工作，提高考试质量，促进考试走向科学化具有重要的作用。

七、网络化考试 —— 知识和信息时代高校考试的改革方向

21 世纪是知识和信息"爆炸"的时代，高校课程考试方式和内容应与时俱进，顺应知识和信息快速发展的趋势，充分运用信息时代网络信息平台提供的方便，使考试管理既严肃、科学，又灵活、多样和开放。我们要以激发学生的学习和探索知识的兴趣为前提，使学生处在相对轻松的课程学习过程中，为掌握更多的知识和提高分析解决问题的能力而学习，以提高教学质量。

（一）实施网络化考试，顺应知识和信息快速发展的趋势，提高考试质量

针对目前高校考试的种种弊端，以下提出许多针对性的建议或措施。从考试方式上，提出打破传统的以"闭卷"考试为主的方式，应根据不同专业、不同课程的性质或特点，灵活运用闭卷、开卷、笔试、口试、答辩、论文、操作等多种考试形式和方法，并增加考试机会。从考试内容上，提出拓宽考题所涉及的内容，增加考核学生分析和综合运用能力的题型。在命题时，要严格考试命题，坚持教考分离，严控命题环节，加强试题库建设。在评价中，可以通过学生自评、学生互评、小组评价、教师评价等多种形式进行。通过这些丰富多样的考核形式，能促使学生开放性个性和创新意识的形成。

（二）网络考试的优势

网络考试是指通过局域网或者互联网，并利用计算机进行考试的行为，网络考试和在线考试以及网上考试的概念都是一致的。网络化考试将传统考试的各种工作流程通过计算机实现信息化和电子化的管理，使各种考试可以在网络平台下实现，它包括组卷系

统、考试系统、阅卷系统、成绩查询分析系统、试卷制作管理系统。该种考试形式在实现无纸化考试的同时，也强化规范了教学评估的手段，适应多媒体教学的层次和水平，同时也提供了科学准确的教学研究数据，具有传统考试形式不具有的优势。

（三）高校全面实施网络化考试的条件

目前，高校已有完善的网络系统，包括信息联网共享系统和大型计算机房，以及许多学生都有自己的电脑，高校实施网络考试的硬件已经具备。同时，高校还具有一批高水平的计算机专业知识的教师和相关技术人员；所有高校大学生在入学第一学期都有计算机基础应用的课程，这为进一步提高大学生的计算机理论和应用打下了基础；许多成熟的网络考试平台或软件已应用于不同行业的考试中；许多高校都有计算机和信息技术相关专业等，这些都是高校实施网络考试的软件。通过合理地调配和运用这些硬件和软件，高校已具有了全面实行网络化考试的条件。

（四）网络化考试有许多明显优于传统考试形式的优点

第一，网络考试要求具有高质量的科学性、全面性、难易程度和测试学生综合学习水平和能力等方面的题库。在我国高校，无论从规模、数量和质量还是师资水平各个方面，已具备各专业和学科标准化和高质量的题库建设的要求。我们要通过由不同高校相同专业推选优秀的专业教师组成考题题库的命题机构，通过搜集、整理历年题库和命题，并在此基础上根据不同课程的发展现状，建立不同专业课程的高质量的试题库。由于命题机构是由同一学科优秀的专业教师组成，试题的科学性、全面性、难易程度和测试学生综合学习水平和能力等方面会得到最大限度地提升，并且会不断通过不同学校学生考试结果的检验和随着学科的发展而不断改进和更新。

第二，网络化考试有利于培养和考核学生分析解决问题的能力。由于试题的科学性、全面性、难易程度和测试学生综合学习水平和能力等方面的优化，能够考核学生的学习效果和分析解决问题的能力，这也同时要求和促使着教师不断地自我学习，改革和改进教学方法、教学内容和教学水平，促使学生不断改进学习方法和学习态度，以提高自身的综合学习能力。

第三，由于有了高质量的题库和网络考试，使同一门课程不同时间进行多次考试很容易实现，改变了传统课程考试频次太少或一次性闭卷考试给学生造成沉重心理压力的弊端，使学生处在一个相对宽松的探索知识和提高分析和解决问题能力的学习环境当中。

第四，实施网络化考试能够有效地预防舞弊。因此，它也同时具有间接端正教风和学风的作用。

第五，实施网络化考试提高了考试成绩的区分度、效度和信度。由于统一的高质量的试题和科学的评价标准，以及试题的科学性、全面性、难易程度和测试学生综合学习水平和能力等方面的提升，使考试成绩的区分度、效度和信度具有科学性。

第六，实施网络化考试能够节约人力资源。实施网络化考试能够节约教师的命题和阅卷时间，可以使教师把更多的精力和时间用于教学和科研上，以不断提高教学水平和教学质量。

第七，实施网络化考试有利于学生更好地运用网络信息探索和学习科学知识，从而培养学生良好的上网习惯。实施网络化考试除了具备科学性、全面性、难易程度和测试学生综合学习水平与能力等方面的题库外，与之相适应的相关学科的网络学习和复习资料也能为学生的学习辅导提供方便。学生在进行长期网络课程资料的查询和学习中，会潜移默化地引导他们把网络作为探索学习的主要工具，而不只是一种消遣和玩游戏的平台，从而起到培养学生良好的上网习惯的作用。

第八，实施网络化考试具有巨大的经济和社会效益，对构建节约型的可持续发展的社会具有积极的作用。如能够节约大量的纸张和油墨等消耗性和污染性的资源，从而对减少土地和植被的消耗以及减少环境污染起到积极的作用。

第九，高校实施网络化考试对推动网络考试的全社会普及有着重要的示范作用。作为科学技术创新发展主要源泉的高等学校，对推动科学技术转换为生产力起着巨大的示范作用。高校实施网络化考试必将对推动网络考试的全社会普及有着重要的示范作用。

正是由于网络化考试明显优于传统考试形式的诸多优点，实施网络化考试成了高校考试改革的一个重点方向。

第六章 高校教学管理制度创新

第一节 高校教学管理制度

制度是一种规则，包括组织构成、权力配置和一系列的规则。其中，在高校管理制度的研究中，对内部组织结构已有大量的论述，并已形成成熟的认识：即遵循现代管理的理念，实现扁平化管理结构的设置，对校—院—系的多级管理结构予以认可；同时，增加专项组织，如设置各类委员会，以实现民主化管理。但是，对高校管理制度中内部权力配置的探讨虽然也有一些，认识却并不是很统一，观点也不是很成熟。传统的观点是在高校内部存在着学术权力和行政权力两个大类的权力结构，但实际上，随着办学体制的改革、经费筹措制度的改革，学生在高校中的地位也在发生着微妙的变化，他们对于自由学习的权利的要求也在日益膨胀，这种对自由的要求现在看来不仅是正当的，而且是必需的。

一、高校与高校教学管理

大学是一种传授普遍知识的场所，此处所说大学即是高等院校的意思。现代意义上的高校，从其职能的拓展来看，已不仅是传授知识的场所，它还是进行科学研究、服务社会的重要机构，亦即高校应该是传播高级文化、探究高深学问、培养高层次人才、为社会提供高科技服务的组织。

"高校"是指当前我国进行高等学历教育的、有正式的组织和规范的计划的全日制高等院校，包括本科高等学校、普通高等职业学校、普通高等专科学校，对其他如成人教育、培训中心、企事业单位中的教育机构等举办的非学历教育、非全日制高等教育不做专门研究。

高校的教学过程是一个复杂的、系统的过程，具有专业性、探索性、实践性的特点，高校的教学、课程计划都是围绕培养专门人才而设计的，并负责培养大学生探求新知识的创新能力、毕业后应用专业的实践能力。对教学活动开展的管理活动当然也是一项复杂的系统工程。高校的教学管理是高校管理工作的重要组成部分，是为了实现高校的教育教学目标，遵循管理规律和教学规律，对教学活动进行计划、组织、指挥、协调和控制的过程，以高效地设计和保持良好的教学环境，推动教学工作正常地、高效率地运转，使教师和学生在教学过程中达到既定的教育教学目标。高校的教学管理具体包括教学计划管理、教材建设与教学手段的现代化管理、课程建设与管理、实践教学与管理、教学组织管理、教学资源管理、教学质量管理等方面。另外，学生既是教育教学的对象，也是教学活动的主体、学习的主体，因此不能离开学生来谈教学，教学管理与学生管理之间有着广泛而紧密的联系，学生管理中有许多属于教学管理的内容，如学生的学籍管理、学业成绩的管理、学生成长档案的管理等，对教学管理的研究也应包括这部分的内容。

二、高校教学管理制度的结构与功能

制度很多，类别也很复杂，在实际运行中其发挥的作用与功能也是不同的，需要具体问题具体分析，做到普遍性与特殊性的辩证统一。

（一）高校教学管理制度的结构

根据制度的应用范围和功能，按照制度分析的结构化分析要求，可以把高校教学管理制度分为教学管理基本制度和教学管理具体制度。教学管理基本制度包括教学管理系统内的组织制度和工作制度，教学管理具体制度包括具体的教学行为规范、对各教学专项工作的相关规定以及各种激励制度。

1. 教学管理基本制度

涉及机构设置及其权限的组织制度，在制度分析的结构化中属于中性制度。这一类的制度是指为了达到教学管理目标，顺利完成各项教学工作任务，所做出的教学系统内有关管理层级、机构、人事及相应职责权限的安排，为教学工作提供组织上的保障。我国的高校大多形成了成熟的校、院、系三级管理层级，这是各高校依据自身学科性特点，考虑到学科、教学与组织多重运行的实际情况而设置的，各个管理层级并不是纯粹的行政管理机构，而是在纵向方面实施计划、组织、领导、协调、评价的管理职能，在横向方面又能够对教师、学生、设备、财务、质量管理等实施分工协作，是一种融专业建设、教学发展、组织效能等不同领域于一体的矩阵结构。

涉及工作岗位和综合性管理的教学系统内的具体工作制度，在制度分析的结构化中属于制度安排范畴。这一类的工作制度以分工为前提，以岗位职能为基础，主要表现为岗位职责，为履行工作的主体提供清晰的分工职能和权限描述，确保各项岗位工作能正常运行。该类制度还对平行机构之间的关系、上下级关系、机构内部关系给予设定。平行机构之间的关系是指教学管理部门与其他部门之间的关系，如教务处与学生处之间、教务处与后勤处之间、教务处与办公室之间的关系，在工作制度对这些关系予以明确规定和协调，以减少工作过程中的冲突，避免相互推诿和管理真空；上下级关系指教务处与各院系部、系部与教研室等之间的关系，在工作制度中即通过明确各自的权利与义务和各自的工作流程，以避免越位与错位，提高工作效率；机构内部关系指各科室之间、各教研室之间、各系之间的关系，工作制度在分工相对明确的基础上，对以上各项关系予以协调和配合，使机构内部之间既合理分工又通力合作，互相促进、互相提高。

2. 教学管理具体制度

教学行为规范类管理制度，此类制度对各教学过程和环节给出较清晰的目标、职责、范围和工作流程，为教师、学生和教学管理人员提供简明扼要的指导和帮助，有利于维持正常教学秩序，有利于提高教学工作效率。此类制度在教学管理制度中占据很大比例，包括日常教学管理制度，如课程表管理制度、教学文件编写要求、专业设置和调整审批条例、教学过程管理方面的诸多规定等，还包括学籍管理制度、专业技术职务的推荐与评审制度、考试管理制度、教学档案管理制度等。

各教学专项工作的相关规定这类制度，属于非中性制度，针对教学工作中有关建设与改革类项目，如专业建设、课程建设、实验室建设等具体的和专项的横向工作，予以方向、范围、目标等方面的规定，以引导师生积极、主动地总结教学工作的经验和教训，围绕教育教学目标开展创造性、创新性教学活动，推动教育教学工作的前进和发展，是对教学行为规范类管理制度的补充和完善。

为了促进工作更有效开展的激励制度，也属于非中性制度。组织制度和工作制度是对分工与职能、权限的基本规定，教学行为规范和教学专项工作的规定也仅是基本的要求和导向，它们并不能以此推动高校中的每位成员积极、主动地开展各项教学活动，也就对教学工作成效的提高起不到完全的作用。因此还要制定一系列的激励制度，包括行为约束制度和行为激励制度。行为约束制度是对因为责任心不强引起的疏忽大意或工作中故意导致的教学行为失范给予相应的惩戒，以免造成混乱的教学秩序给教育教学工作带来伤害；行为激励制度则是结合岗位工作特点实施教学倾斜政策，对工作优秀者给予奖励，并对其他教师和教学管理人员、学生起到引导的作用。

（二）高校教学管理制度的作用与功能

高校教学管理制度的最终目标是为了提高教育教学质量，但其作用方式多种多样，比如，可以以制度的方式促进资源共享以提高其利用率，可以以制度为手段改善高校学术自由的环境，从而有效保障教师和学生的教学与科研的积极性、主动性和创造性，可以加强学生学习自由度以有效保障学生学习的兴趣和自主性等。

1. 教育的功能

高校教学管理制度是高等教育思想和理念的重要载体，通过制度的宣传、推动与实施，这些教育思想和理念深深地影响着广大师生员工，并渗透到各项教学工作中，深刻地发挥着关键作用。教育思想和理念是高校发展战略的理论依据，它强调的是学校应该做什么样的重大决策，是学校所有工作包括教学工作的重要指南，没有了思想和理念的引领，发展战略也就失去了依据，学校也就没有了正确的发展方向。高校教学管理制度的教育功能就是让师生通过对制度的认识，把握这些教育思想和理念，并以此为指导，围绕学校的发展战略、培养目标，明确各自在教学工作中的作用和地位，在具体的教学工作中，推动学校各项事业的可持续发展。

2. 为教学工作确定实施机制

不同的发展模式需要制度落实，选择何种教学模式更是教学工作的前提。在学校依据一定的教育思想和理念指导选择了教学模式后，就必须用制度的方式来加以规定与引导。比如，为了培养创新型人才，就需要以制度的方式为其提供自由的教与学的环境、对教师传统的课堂教学模式做出使用现代化教学手段的改革要求；为了培养实践型人才，需要以制度的方式规定理论与实践相结合的教学模式、产学研一体化教学模式、校企合作培养的教学模式等。教学管理制度就是要根据学校发展的定位和办学理念，强化优势、办出特色，为每一个教学过程确定合适的实施机制。

3. 为教学工作提供动力机制

教育事业发展需要动力，在高校内部，这个动力来自师生的参与，只有师生能够分享事业发展带来的好处，并且积极、主动地加入学校事业发展的过程，才会有教学工作的有效实施，才会形成对学校事业发展的支持。在高校里，无论是教师还是大学生，都具有充足的知识、信息基础和判断力，他们是实现培养目标的关键，是人才培养的责任主体。师生参与学校事业过程不应是迫于生计的被动行为，而应是积极追求个人价值的创造行为。教学管理制度在解决了个人利益与学校组织利益的协调基础上，为教学过程提供相应的激励机制，创造良好的教和学的环境，充分体现教学管理制度的导向功能，为师生凝心聚气于教学过程提供足够的动力。

第二节　教学管理制度的价值取向与创新原则

制度的创新设计能够体现出一种价值选择和价值取向，或者说制度的创新是在一定价值观指引下的引导、示范、激励、约束等功能的综合作用。对高校教学管理的制度创新，需要遵循一些具体的原则，如系统性原则、开放性原则、可行性原则和一致性原则等。

（一）系统性原则

系统性原则要求教学管理制度保障主体的全方位、保障范围的全方位、保障活动的完整性，即要求制度保障的主体需要教师、学生、教学管理人员的共同参与，涵盖所有与教育教学质量有关的因素，包括教育资源、教育教学过程与教育教学结果，并且对全过程进行调节、控制，形成一个环环相扣的有机整体。

系统性原则要保证核心制度与配套制度的有效结合，从整体角度出发，把制度结构中起主要作用的核心制度与起辅助作用的配套制度进行合理的统筹安排。无论是核心制度，还是配套制度，都需要把对过程管理和关键环节合理安排，如原来对学生课堂考勤、听课、自习、作业完成等事无巨细的检查和监督，与在课程考核时对出卷、阅卷和考试等关键环节相结合，把住这些关键环节，就可以以约束、规范、引导学生平时的行为和态度，还有利于学生充分利用自己支配的时间和空间进行创新能力的锻炼与塑造。把住关键环节，还可以避免烦琐、避免给师生增加额外负担，便于执行，提高整体工作效率。

（二）可行性原则

可行性原则要确保效率和质量的提高，强调群体或组织中行为的一致性、条理性，从而显示出秩序和效率，没有效率的质量是难以实现为师生服务的教育目标的。同时，质量又是发展过程中的一个重要取向，它构成了效率的基础和前提，没有质量的效率很难说是真正的效率。当然，高校教学管理的效率概念与经济管理、行政管理等领域中的概念应当有所不同，应该是一种符合高校教育本质特性的管理效率。

（三）开放性原则

开放性原则意味着制度变迁的主体要多元化，要改变以往制度创新仅由教学管理部门主导的现状，吸收教学活动利益相关者参与进来，使制度创新的主体由一元化向多元化发展。制度主体的多元化可以使制订的制定照顾到不同对象，考虑到不同的适用范围。

开放性原则意味着制度变迁的可持续性。任何制度都处在不断修改、不断完善的过程之中，制度如果保持绝对的稳定，必然会带来僵化，束缚人的发展和教学的进步；但修改过于频繁则会降低其有效性。因此，在制订制度的过程中，应该处理好发展中的问题、变化中的问题以及难以确定的问题，建立畅通的信息渠道，保证信息的多向传递和有效转换，做到留有余地，以便制度在执行的过程中得到逐步完善，得以渐进形成稳定的管理体系。

（四）一致性原则

一致性原则要求教学管理制度必须与学校整体的运行机制保持一致。高校的教学管理工作与学校的运行机制、人才培养目标和教学运行体系关系紧密，因此需要与人事分配制度、职务晋升制度、学校管理体制等相关环节保持一致，确保有效实施。

一致性原则要求各项教学管理制度之间的统一、协调。任何一项教学活动、教学环节都是为了实现人才培养目标而设计的，各教学活动、教学环节之间环环相扣、紧密相连，教学管理制度也应与之相应，形成较强的系统性、整体性，应做到目标一致、各制度之间衔接一致。

第三节 高校教学管理制度创新的具体措施

一、转变教学管理理念

（一）树立服务性管理理念

高校教学管理也应表现出对教师、学生的服务意识，为其提供必要的工作、学习、研究条件，帮助他们解决困难，创造其发挥主动性、能动性的民主和谐的教育教学环境。服务性管理理念要求改变上令下行的管理方式，强调学术权力的重要地位和学生权利的应有地位，要求建立共同参与、相互协商、上下协调的沟通机制。树立教师为学生服务的理念，教师以尊严、信任、友善、理解、宽容、亲情、友爱和真诚，感化、指导和鼓舞学生形成积极的人生态度和丰富的情感体验，使之在这种良好环境下愉悦地学习，促进其身心健康地成长。

（二）树立人性化管理理念

教育教学的对象是人，教育教学的实施者也是人。因此。高校教学管理应该体现对人的关怀、尊重、信任。现代管理理论认为，科学技术的进步、物质财富的创造和社会生产力的发展，都离不开人的服务、劳动，管理必须围绕"人"这个第一要素、围绕"人"这个核心的概念，通过提高人的综合素质，充分调动人的积极性、主动性和创造性，提高管理功效，实现预定目标。高校教学管理亦是如此，是通过教学管理人员与教师、学生的双向互动进行的，即管理人员顺应教学环境，尊重教师和学生的人格和权利，满足教师和学生的工作、学习需要，教师和学生则是自动、自觉地把工作和学习视为人生发展的重要组成部分。教学管理制度就是要协调三者的关系，赋予教师相应的权利，保障其学术上和教学上的相对自由，并着眼于学生的综合素质、创造能力和创新思维的培养，注重指导学生的学习自由，使之能够学会学习、学会生活、学会工作。

二、完善组织体系

高校教学管理制度包括教师的教与学生的学两部分管理制度，两者应该有着密切的联系与结合。而实际上的情况是教学管理组织与学生管理组织形成两条平行线，或者仅仅是相交于一点的结合，大多数学校当前的组织安排一般分为学术性事务、学生事务、生活事务和其他单位事务，而成为"功能的仓库"打破这些障碍是困难的，因为学生课外的学习虽然是每一个人的事，但只有通过行政管理者、教师和学生事务工作人员共同合作，大学才能营造学习的风气，才能通过支持和鼓励学生参与各种活动来达到必要的活力和激情。传统大学的教育是以校园为基础，以教学内容为中心，强调熟练地掌握知识和技术，重在训练适应工作和市场需要的专门人才，学生管理的功能在于以辅助促进学术任务的服务实践为主；但在现代大众化和多元化的大学里，它应该是以学生为中心的教育，大学应该营造良好的学习环境，帮助学生开发潜能，培养有教养的、学会如何生活的公民，因此学生管理必须回归到大学教育的核心，即促进学生学习。

学生事务管理组织理应打破传统思维的束缚，促使学生事务专业人员对传统学生、学术事务单位壁垒分明及学生事务行政中心等现实问题展开反思，积极倡导学生事务与学术事务单位的合作，结合课内与课外一起努力来提高学生在学校的学习功效。应当激励学生积极学习，帮助学生发展统一的价值和理论基础，拟定并宣传对学生学习的高度期望，引导学生和组织行为，有效地利用资源以达成组织的任务和目的，联合全校的教育人员，建立具有支持性的总体性学生社区，以最终促成学生学习为高校学生事务的核心价值。

有效学生管理组织包括学籍管理组织、学业指导组织、职业生涯规划指导组织、生活事务管理组织。为了尊重广大学生，发挥群体作用，学生事务管理组织亦需要建立委员会性质的组织，如学生事故处理申诉委员会、学生会、社团联合会、学生实习指导委员会、大学生创业指导中心等。为了保证学生事务管理组织功能的发挥，需赋予他们新的功能。

（一）思想教育的咨询功能

学生事务管理组织的基本职能是育人，育人的首要任务是思想教育，为学生提供咨询和指导，让学生正确地认识、分析、判断社会信息和社会发展过程中涌现出的新价值理念，促使他们自觉接受先进世界观、人生观、价值观的转变，让他们以良好的心态对待自己、对待社会，以更佳的心态对待学校、社会环境，与此相对应的组织包括心理咨询中心、就业指导中心、学籍管理中心、社团管理中心、学生服务中心等。

（二）创设学生选择自主成才的环境

现代大学生由于他们的经历不同、知识结构不同、兴趣爱好不同，造成他们的学习、科研能力也不同，对毕业后所从事的职业也有不同的选择。有效的学生管理组织要充分尊重学生的自主权，让他们根据自己的个性、学习兴趣和专长自主选择专业、课程、教室、学习时间和地点，在给予他们学习咨询和指导的基础上，使之能够保持参与教学的积极性和思考问题的自主性，培养他们的理性精神和主体创造精神。为此，成立社团性质的学生组织是一种很好的选择。现代大学生交往空间日益扩大，迫切需要适合青年自身特点的能实现互教互学、有交流机会、锻炼和表现自己、发展个人兴趣爱好的形式，学生社团则以共同的兴趣爱好、共同的意愿为基础组建。学生社团是学生综合素质培养的重要载体，是学校思想教育的重要阵地，是校园文化的主要建设者。学生社团是有效学生管理组织的重要部分，对于进一步促进学生能力的提高、素质的拓展、丰富课余生活有极大的帮助。

三、明确职责

（一）明确部门职责

明确教学部门的职责首先要规范各部门之间的相互关系。

在当前高校教学管理工作中，多数采用的是校、院（系）两级管理模式，在这种管理模式下，院校顶层自治的加强与学部和系一级决策机构的自治之间存在潜在的冲突，因此，对代表学校的教学管理职能部门和直接面向师生的院（系）教学部门的职责进行界定，就是教学管理制度要解决的重要问题。需要在教学管理制度创新的过程中，对此两级管理部门进行必要的职能和职责权的明晰界定，理顺两者的关系，体现两级教学管理体制的科学性。主要措施是高校的校级领导和各职能部门必须从减少对教学、科研等具体工作的干预，其职责应定位在统一管理、全面协调以及检查督促等。二级院（系）则要充分发挥主动性、能动性，走出校门，走向市场，根据社会的发展需要，妥善处理好院（系）与学校、社会、企业的关系，承担起基层教学管理和从事教学科研活动的双重职责，做好学科建设、人才培养、科研等最基本的学术工作，确保教学管理在院（系）诸多管理中的核心地位。

学生管理部门亦应从纯粹的日常管理、生活管理的职责，向促进学生的学习与发展的方向迈进，要向具有更直接、积极的教育意义的角色转变。学生管理部门应主动参与到学术事务中去，与学术事务管理建立良好的伙伴关系，以利于在校园内创造"无缝隙的学习经历"，伙伴关系和协作应成为学生学习环境的特征，加强学生对综合素质教育、服务学习、课外活动、心理社会发展的认识及加强学术与社会之间的整合等。

（二）明确岗位职责

建立健全教学管理岗位责任制是实现高等学校的教学运行管理系统高效、有序、规范、科学的基本保证。明确教学管理的岗位职责，应包括责任指标、工作标准、协作要求、激励措施。一是明确每个岗位应担负的责任，该责任能够让他们明确地知道完成责任指标的重要意义和对其本人的价值，以充分调动他们的工作积极性和主动性，责任指标应该具有可行性，即通过努力是可以实现的，其衡量标准也须是统一的、明确的、客观的。二是明确每个岗位的工作标准，如该岗位所具有的业务功能、服务功能，对岗位工作所应具备的行为要求，对完成岗位工作具体的实施方式和方法。三是协作要求，包括做好部门内外的协作关系、上下工作程序协作关系、平行部门和岗位协作关系等，处理好这个协作问题可以起到充分利用周围环境、资源为岗位工作提供支持的作用。四是激励措施，教学管理要制定主要包括精神激励在内的激励措施，对完成岗位职责的要兑现奖励约定，没有完成的要兑现处罚约定。

第七章 高校教育管理创新理念

第一节　坚持创新理念

创新需要清晰的价值和目标，即明确创新理念，它关系到创新的出发点和前进方向。高等教育教学是对高等教育的认知、使命、作用等基本问题的认识和看法，是高等教育管理实践的总结和概括，具体包括管理理念、学习理念、教育教学、办学理念等方面。

一、统筹理念

统筹作为一个由数学衍生出的系统科学概念，主要强调的是针对一个事物发展或行为执行过程中涵盖的规划、引导、服务和扶持的完整的过程体系。政府统筹就是站在事物全局的角度统筹思考，洞察事物，工作谋划、整合协调和创造性思维，服务全局的能力。不顾此失彼，不因小失大，兼顾和协调全局各方面利益。使整体协调，布局合理，利益得当，人文和谐，思想协同，工作得力。那么政府对高等教育的统筹也就可以围绕这一概念展开，即政府统筹规划、统筹引导、统筹服务和统筹扶持。统筹规划方面：对高等教育发展的速度、规模、质量、结构进行宏观管理，促进管、办、评分离，形成权责明确、统筹协调、规范有序的管理体制。对学校布局、学科专业设置、学位授予点和继续教育发展规划；统筹研究生教育、本科教育、高等职业教育和高等继续教育；构建层次分明、类型多样、特色鲜明、充满活力的高等教育体系。

推动高等教育内涵式发展是"办好人民满意的教育"的坚实基础，也是"全面实施素质教育，深化教育领域综合创新，着力提高教育质量，培养学生创新精神"的最好保障，是"立德树人"，培养德、智、体、美、劳全面发展的社会主义建设者和接班人的关键举措。所谓内涵式发展，就是以科学发展观为统领，摒弃高校传统追求规模、数量的粗放式发展模式，着眼于效益与质量的创新型发展道路。效益、质量与创新三位一体，其核心是实现内涵发展，重点是学科建设和制度建设，其动力源于深化创新，其保障是和谐校园建设。

第一，统筹引导方面：建立高校学科分类建设体系，实行学术发展分类管理；创新高校人才培养模式，提高高校人才培养质量和深度；加大对高校学术的监督和审查；统筹推进各级各类高等教育协调发展；统筹高等教育城乡、不同区域间教育协调发展。第二，统筹编制符合要求和国情的高等教育办学资质、教师引进、招生质量等多项标准；统筹服务方面：深化高等教育综合创新，推动教育事业科学发展。

二、参与理念

社会参与高等教育管理创新的必要性主要有以下几个方面：首先，从高校的系统性和开放性来看，高等教育作为一个系统要生存和发展，不可能封闭自我。高校需要汲取自身生存发展所需要的物质资源、人力资源和财务资源，无法忽视与社会普遍联系的客观事实。高校应立足于扩大高校的开放性，融入我国国情的现实社会中，建立社会参与高校管理的机制。其次，高等教育的大众化普及程度在不断加大，继续教育、职业教育等终身学习教育制度的不断深入人心，极大地刺激了社会参与高等教育的意识。再次，在激烈的市场竞争环境下，对人才的需求和竞争成为市场生存的不二法则。市场竞争主体，例如企业已经以极大的热情加强与高校的合作，参与到高校教育的具体实践中，寻求满足自身需要的合格人才。最后，高校自主化办学带来的就业压力和经费支出以及后勤社会化等创新也需要得到社会的支持和帮助。

社会参与高校管理的内容主要包括：一是社会参与高校决策，高校管理创新需要吸纳更多智慧和力量，确保高校的决策体制、运行方式、机构设置等内部事宜得到科学的监督、反馈和建议，社会参与的重要性不言而喻。二是社会参与高校管理的具体事务越来越深入。高校的专业、课程设置不断重视市场需求，高校毕业生就业市场要求高校教育管理贴近社会现实，高校内部事务信息公开等等。三是高校的社会服务功能使得社会参与到高校教学科研等高端领域。高校与企业的合作正是社会参与的表现。我国高等教育创新是系统工程，能否在市场经济大潮中接受社会检验是创新成败的关键。我国高校要认清现实发展要求，提高社会服务功能，树立社会服务意识，把社会参与作为自身管理创新的重要内容，实现科技成果转化，提高社会知名度和权威性，满足社会需要的创新目标。高等教育的需求多样性、高等教育走向社会中心以及高等教育经费来源的渠道多元化要求社会参与，这不仅是高等教育发展的共同趋势，还是实现高等教育内部管理治善的重要保证。

三、公共利益理念

公共利益是指公众的、与公众有关的或为公众的、公用的需要的利益。《中华人民共和国教育法》规定教育活动必须符合国家和社会公共利益。公共利益产生于人与人之间的社会联系，是公民个人利益最终的价值取向，代表着长远的、共同的、整体的个人利益。高等教育的利益主体可以分为国家利益、团体利益和个人利益。国家利益是指国家从高等教育的发展中获得的人才培养、科技技能输出的政治利益。团体利益是指高等教育的大学的各种权力主体在博弈过程中获得的权力利益。个人利益是指参与高等教育过程和活动中个体获得的参与权、保障权和结果权的权利利益。这三种利益主体只是基本利益和直接利益，如何协调利益冲突和分歧，寻求整体利益最大化，这就是公共利益取向的理念所在。

公共利益正当性的基础是以一定社会群体存在和发展为前提，公民的受教育权是公民权利的基本权利之一。因此，保障公民的受教育权利成为公共利益取向的共性特征。

高等教育需要在生产知识、科技和人力资本过程中增效，实现教育产业化，进一步改善教学环境，增加教育奖学金的投入和贫困生补贴力度，促进高等教育事业的公平和正义。

高等教育管理创新涉及社会公共资源和经费的使用和调配，影响到社会成员的共同利益，创新的成果需要全社会共享。高等教育创新的公益性具有公共性、社会性和整体性，包含国家层面的经济利益、文化利益、文明利益，也包括社会层面的经济利益、文化利益，还包括个人层面的物质利益和精神利益。追求公共利益是高等教育管理创新的核心价值理念，也是中国特色社会主义高校创新的前提和出发点，还是调和权力主体追求共同目标的指导原则。

四、质量至上理念

高等教育创新理念是与时俱进的时代产物，其中质量至上的学习理念是源于首次世界高等教育大会的两份重要文件，作为其中的核心理念，联合国教科文组织认为高等教育质量是多层面的概念。概念涵盖了两个方面内容，一方面是"层次"的问题，指的是高等教育质量是多层次的质量的统一体；另一方面是"方面"的问题，指的是高等教育质量是多方面的质量的综合体。

高等教育的系统类型通常被划分为研究型高校、教学研究型高校、教学型高校和高职高专高校。每个层次的高校所追求的质量标准和人才培养方式以及学习理念都是有差别的，这种差别本来是基于学科、专业、学术自身特点而形成的不同的质量要求。我国高校分门别类的层次出现了雷同化和趋同化特征，高校教育质量的层次差异化被高校自身建设发展所消弭。但社会发展过程中的社会分工和资源专属性越来越明显，对高校教育质量层次的需求面被极大地拓宽，高校教育质量层次化不明朗造成了高校就业环境恶化。解决高等教育质量层次化发展的途径除了政府统筹外，最重要的是高校自身定位。高校历史积淀文化内涵，文化内涵塑造高校人文，高校人文成就高校精神即校训。高等教育创新中的按教育规律办学就是对高校文化传承和高校人文环境自主办学的认可。高等教育多方面质量不仅包括学生的质量、师资水平，还包括图书馆的利用率、学术讲座的质量水平、学校后勤质量服务状况以及学术环境等等。

这就需要高校树立质量至上的学习理念，从教学目的、师生角色、教学内容、教学模式、教学方法、考试方法、教学观等多方面进行改进。例如提升学生的社会责任层次，注重决策观念和技能培养；以学生为本，重视知识的接受和应用及主观能动性发挥；发挥学生主体学习地位，主动探索学习兴趣和努力方向；加强教学内容的基础性，提高教学内容的深度和广度；发展学生个性，激发学生的发散性思维和创造性思维；激励合理竞争，活化教学方法，注重社会实践；拓宽学科的社会研究对象，关注科学前沿知识，拓宽学生眼界，提高学生驾驭知识能力，用知识质的提高应对量的增加。

第二节 把握职能定位

高校是实施高等教育的社会组织，主要功能是做学问、传授知识和服务社会。由于高校内部学科和学术活动具有相对独立、相对自由和松散的本质特点，所以决定了高校本质上是一个相对独立、松散的联合体。结合我国悠久历史文化传统的特殊需要，我国大学可以归纳为人才培养、科学研究、社会服务、文化传承创新四项基本职能。从四项基本职能中可以归纳为教书育人是目的，科研输出是手段，个性发展是理念，服务行政是模式。

一、突出育人

高等教育承担着人才培养、科学研究、服务社会、文化传承创新四大职能任务。推动高等教育内涵式发展首先需要处理好人才培养与科学研究的关系。人才培养是高等教育的根本使命，在四大职能中居于核心地位，包括科学研究在内的高校一切工作都要服从和服务于学生的成长成才。人才培养的是人才素质，包括人格、知识、能力和体质，即"德、智、体、美、劳"。大学的核心功能是培养全面而自由发展的人才，塑造符合我国发展的合格社会主义建设人才，这是我国高校现代化建设的社会使命和至上原则。实现核心功能的途径便是知识传授，因此二者归纳为教书育人。大学之道，在明明德，在亲民，在止于至善。培养专门人才是高等教育的本质特征，突出创新能力培养，进行科学素养和人文素养的融合，造就全面发展的人才。

首先，建立以学生为服务之本的高等教育质量评价体系，把高等教育的传授重心放在学生身上，从关注学生成长和体验出发，通过学生自主学习知识和全方位考察评价授课质量等确定为高等教育教学评估考核的重要内容。培养学生具有开拓精神、竞争能力，具备复合型知识，满足市场经济发展需要。其次，高校教师有必要参与社会实践，加深自身与社会需要的亲身体验，打破高校教育内部自我封闭的认识局限。高校教师学者的社会需求体验和实践一方面可以提高学者解决实际问题的能力，丰富教学素材，将社会急需技能传授于学生；另一方面可以使学者和学生对社会需求的认知更为切合实际，注重树立学生创新能力观念培养、终身教育观念培养、基本学习能力观念培养，以学生为本的教学创新。最后，高校必须研究社会需要的各级各类各层次人才的素质结构和能力需要，为人才的社会输出提供品德培养、技能服务、智力保障、素质完善，以实现知识价值的社会转化效能，实现科学技术是第一生产力的理论与实践的无缝对接。

二、注重科研

高等教育的职能是在社会发展需要的基础上形成的，是社会赋予高等教育的任务和职责，是高等教育与社会之间关系的集中体现。自主创新，重点跨越，支撑发展，引领未来，高校作为我国科技创新的生力军，是科研竞争的前沿阵地和国家综合实力展示的重要内容，高校科研输出是确保高校人才培养、社会服务和文化传承职能的重要保证。

高校科研输出的最大化取决于高校科研管理人员的自身素质建设，涵盖知识素质、管理素质和服务素质等，这都需要高校完善的科研培养培训机制为保障，赋予科研管理成果转化享有权，激励科研输出的主动性。科研管理职能在通过社会输出实现科技转化的过程中需要努力实现四个能动即能动策划、能动组织、能动跟踪和能动管理。强化科研课题设计和项目申报策划，强化科技成果转化和报奖的策划意识，强化科研部门跨学科的创新团队组建，强化社会合作企业的技术成果转化平台推广，强化科技推广的跟踪机制，强化基础研究与应用研究的有效融合。高校需要牢固树立人才培养必须以高水平科学研究为支撑的观念，鼓励教师重点开展有利于提高教学质量、推动理论创新、服务经济社会发展的科学研究，并将研究成果及时转化为教学内容。还要正确处理好科研与教学的关系，树立科研为教学服务，科研和教学为社会服务的意识，提高高校的科研实力，提升学校的知名度和学术的名誉度。

第八章 移动互联网时代高校教育管理模式改革与实践

第一节 互联网时代高校学生教育管理工作的发展趋势

一、重视互联网媒介素养教育

近年来，随着互联网技术的发展，人类社会进入"信息时代"，原有单一、封闭、单向的传播模式逐步向交叉、互动、融合的方向演变，这导致用户更为倾向参与式、融入式、交互式的媒介体验，也使得高校网络媒介素养教育呈现新的特征。现阶段我国高校的网络媒介素养教育仍处于初级阶段，应当在结合"参与式"文化背景下网络媒介素养教育呈现的新特点，从课程开发、教师培养、社会实践、科学研究等入手，探索构建适应形势需要的新型网络媒介素养教育体系。

（一）教育理念的转变更新

在传统教育模式下，教师在教育教学中处于中心地位，对教学效果起决定性作用。但在网络时代，学生可以通过多种途径获取信息资讯，教师逐渐失去了在知识传授过程中的主导地位。有观点认为，随着网络媒体的普及，对传统的师生关系提出了新挑战，需要我们的教育者将教育理念由"教师中心论"向"师生相长型"转变，即立足学生参与互动融合理念，在分析学生诉求和认知行为、研究学生网络媒介使用习惯的基础上，制订出顺应时代发展特征、具有现实针对性的媒介素养教育培养方案。

（二）教育方法的创新发展

新媒体因其交互性、时效性、多媒体性、多元文化性等特征而受到当代大学生热捧。现阶段，大学生不再将报纸、电视、广播等传统媒体作为获取信息的唯一渠道，而倾向于借助 App 移动应用服务、SNS 社会性网络服务等新媒体平台获取资讯，享受参与和互动的乐趣。这就对教育方法的创新发展提出了更高要求，需要基于参与式文化形式，即联系、表达、共同解决问题和循环，更为注重学生与周边环境的融合、自身感受与意见的表达、团队成员的交流互动、多样化的传播形式和交叉性的传播平台等。

（三）评价反馈的机制完善

詹金斯曾提出12项新媒介素养能力，即游戏能力、表演能力、模拟能力、挪用能力、多重任务处理能力、分布性认知能力、集体智慧能力、判断能力、跨媒介导航能力、网络能力、协商能力、可视化能力。这表明网络时代对于个人媒介素养的需求，在新媒介发展在技术和内容上，对受众能力有更高层次要求，也是来自受众在新媒介中希望满足自己在社交、尊重、自我实现等更高层次需求的结果。为顺应当今人才培养需求，要进一步完善现有媒介素养教育中的评价反馈机制，将原来仅仅注重媒介文本阅读理解能力延展至注重对实践参与能力、角色转换表现能力、信息采集再加工能力、监测环境把握事物关键细节能力、了解尊重适应多元文化能力等综合能力考察。

二、构建专门的网络平台

（一）高校网络平台构建的有利条件

1. 时代发展的需要

在互联网迅速发展的时代背景下，网络已经与人们的生活息息相关，其用户群数量大、覆盖年龄范围广，影响力正随着时间的推移逐渐凸显，它以其特有的平台特性默默地影响着人们的价值观念和思维方式，以其资源丰富的特点改变了人们的学习方式，以其高效便利的特点改变了人们的交往方式。中国互联网络信息中心调查统计数据显示，大专及以上的学历人群互联网使用率目前已基本饱和，成为互联网普及率中最高的群体。因而，高校应牢牢抓住这难得的契机，在学生的教育与管理中融入更加多样、更加吸引人的方式，使教育、管理、服务三种育人的功用在网络平台中得到充分的发挥。在高校新校区的文化建设及信息化建设方面，可依托社会上已形成的较成熟的网络平台，这些平台经过测试及使用更具有适应性，降低了因网络平台硬件问题带来的发展困扰。

2. 发展前景好

校园网络平台因其网络特性，具有活、全、新、快的众多特点和优势，同时也有利于用户的使用和参与。校园网络平台既是传播校园主流文化的新阵地，也是高校文化内涵、办学精神、优势特色的最佳展示窗口。虽然高校由于发展时间相对较短，在网络平台的构建上较为滞后，但这反而减少了改革及发展的阻碍，不会因为固化的思维方式限制前进的脚步。

（二）高校网络平台的构建途径

1. 打造特色网络品牌

校园网络平台关键性的动态指标在于内容、准确度及更新速度等方面。目前的高校学生大多是随着网络一起成长起来的，若想利用网络吸引他们的视线，需要具有特别的形式、丰富的内容、急速的更新。更好地解决吸引力不足、利用率低等问题。应完善校园网络平台的功能，提高用户参与程度，加快、加深与校园文化的融合，更好地促进高校的发展。针对上述情况，高校新校区在打造特色网络品牌时应更好地利用社会上已较成熟的、影响力较大的媒介。

2. 优化校园门户网站

校园门户网站是每一所高校在网络中展示的绝佳平台，也是发布相关信息的固定渠道。在门户网站上可以尝试开辟校园特色专栏，以本校学科特色为核心，围绕主体用户——学生，将思想教育、专业知识、科学技术、就业引导、特色文化等模块组合。设计优良、布局合理、内容新颖的校园网站不仅仅能提高社会关注度，更重要的是能吸引更多学生关注校园门户网站，积累荣誉感及归属感。打造校园官方微博，官方微博是网络发声的新媒介，高校、企业、政府等纷纷开通了官方微博，在扩大宣传面的同时，能更加快捷地发布信息，发起交流互动。而利用微博的特性，校园官方微博将学生的注意力凝聚起来，通过发布社会热点问题与话题、普及与学生学习生活的相关知识和信息、组织学生参与活动及话题互动等，利用微博消息发布及时、传播面广等特性，能更好地配合其他校园文化建设活动的开展。

3. 建设其他网络平台

当前，其他网络平台，如微信、论坛等也成了大学生的交流平台。随着移动终端技术的提升和革新，更多网络用户使用手机或平板等终端设备参与网络互动。网络平台已经成为学生闲暇时光抒发个人情感、相互交流的一类重要平台。高校应当重视此类公开网络平台的开发和应用，利用此类平台用户群庞大的优势，推出有特色的高校平台，辅助开展大学生的道德教育引导，促进校园文化多元化良性发展。当然，高校应利用和管控好这类平台，通过这种类型的网络平台可发起话题、交流讨论、活动宣传等，促进校园文化建设。

4. 充分挖掘潜在人力资源

网络之所以迅速发展，得益于其前所未有的更新速度以及良好的参与性、互动性，相较于纸质媒介，电子媒介越来越多地融入人们的交往之中。构建校园网络平台，不仅仅是一定的物质投入，更加需要开发校园内所特有的、庞大的潜在资源——人，动员好、开发好潜在的人力资源既是发挥好人的主体性作用，也是人本主义理论应用于学校教育中的合理化体现。在高校新校区成立时间相对较短的背景下，充分动员专业教师、辅导员群体，集思广益创新内容、提高技术，积极参与校园内各项文体活动，转载、转帖；充分动员学生干部、学生党员等其他学生群体，学生既是校园网络平台的受益者，同时也能是参与者。通过利用现有群体、挖掘潜在资源，可以使教育者及受教育者都参与到网络平台的宣传、构建中去。

5. 建立健全管理体制

大学生在社会网络中是最活跃的群体，也是网络互动参与量最大的成员。因而，高校新校区的各部门及院系应提高对网络平台重要性及必要性的认识，加大投入，尽快开发校园网络平台；高校应针对如何引导网络评论、控制网络舆情、监管网络动态、处理网络突发情况等建立专门的技术团队，维护、管理、利用好网络平台。在现有的校园管理制度的基础上，要规范和创新校园网络平台管理机制，通过统一的管理规章制度明确管理者、参与者的义务与责任，规范管理、教育引导学生形成健康积极的网络道德，使校园网络平台的使用秩序井然；建立校园网络平台的各级管理体系，使网络信息的监控、收集、分析、干预等反应机制更为完善，保护校园网络平台的正常运转。

6. 营造校园网络文化，共筑品牌校园文化

高校校园文化因网络的介入而更加丰富、鲜活，同时对德育工作也提出了新的挑战。打造内容丰富、功能完善、具有开放性的校园网络平台，可以引导学生健康上网，传播校园主流文化，展现高校的品牌特色。构建好校园网络平台，营造健康和谐的校园网络文化，共筑品牌校园文化，既是对网络所带来的挑战的有力应对，也能为全校师生提供更加有活力的成长空间。

三、教育、管理、服务一体化发展

（一）高校教学与学生管理体制和运行机制出现的问题和弊端

1. 教风建设与学风建设不能互相促进

普通高校一般实行两级管理模式，学校将管理重心下移至分院。不同的工作业务归属于不同的职能部门，分工明确。在学校一级层面，教务处主管教学管理工作，而学生处主管学生管理工作；在分院二级层面，教务办公室主管教学管理工作，而学工办公室主管学生管理工作。在同一个学校里，教学管理工作和学生管理工作是两个独立运行的不同的工作系统。这样的管理运行模式纵向工作关联性很强，而横向工作关联性很弱，从而导致学校、学院两级的教学管理和学生管理工作在实际运行时，难以形成联动的紧密关系，也难以开创教风学风齐抓并进的工作格局，即以教风引学风、以学风促教风的良性互动机制。

2. 学生成人与成才

由于教学与学生管理工作联动机制缺失，工作本位思想严重，专业教师只侧重于教书，不重视育人；学工人员只侧重于育人，不重视教学。教师和学工人员彼此之间缺乏

必要的交流、互动与协助，导致管理力度分散，难以形成合力。这就直接导致学生在人格教育和专业学习上的不协调。高校在管理人员有限、工作量很大的情况下，这种条块分割的工作模式必然会造成管理人员的严格分工，相应人员的流动和互助功能减弱，故而不能发挥管理群体的作用，工作效率不高。

综上所述，更新管理理念，探索综合管理结构，构建教学管理与学生管理一体化的管理模式势在必行。

（二）实施教学管理与学生管理一体化的基础与优势

1. 在高等教育大发展的形势下，各类高校间在人才、科研、资源等方面的竞争异常激烈

从传统的高校竞争方向与排序看，作为实施"双一流"工程的第一方阵的高水平大学为争创世界一流在努力拼搏；作为教学研究型的第二方阵的地方高校为进入国内高水平一流大学的竞争更是空前激烈；其他大学也是加劲发展，以提高自己的水平和增强实力，竞争同样激烈。高校即使继续更加努力，差距也很难很快缩短，尤其是沿袭别人的老路，以原有的思维模式、价值尺度和质量标准去发展，更不可能有所作为。因此，高校不能采用单一路径奋起直追，而要用更加开阔的视野，更有效的办法，集中更多样的资源，走多样化、跨越式发展的道路，才能既夯实基础、扎扎实实做好基本功，又能大胆、前卫改革，建立起新的视域、新的路径，充分运用好灵活激励的机制，发掘组织内部多样化的资源，走超常规发展之路，开启高水平大学的卓越进程。

2. 高校办学的基本观念、基本价值、基本图景是不断改革创新的思想引领

比如，现代大学制度的"轴性理论""优势互补理论"以及"职业化全位理论"等为我们构建教学与学生管理一体化提供了思想指导。其中，"优势互补理论"是在坚持公办大学机制的稳定性和民办大学机制的灵活激励性相结合的基础上，对社会主义民办大学办学机制的探索，而"职业化全位理论"是现代大学不可或缺的管理模式思想。

3. 践行教学管理与学生管理一体化的初步思路

调整机构设置，优化人员配置，完善分工协调。一是撤销学生处，将学生处的部分管理职能划归教务处，教务处设置教学运行管理、学生管理、教学基本建设管理和实验实践教学管理四个处；二是继续强化二级学院管理职能的重心下移，分管教学的学院领导要协调学生工作，使教学与学生工作有效融合，加强、完善和优化学院办公室职能和人员配置，学院办公室统一负责教学、科研、学工、党务、行政人事工作的日常管理，从而为教学管理和学生管理一体化提供组织保证。

4. 完善和创新一体化管理制度

在现有的教学管理和学生管理各项制度的基础上，根据一体化管理目标要求，优化学校学工部、学生社区、校团委与各学院协调功能，优化各学院教学与学生管理职能，探索建立一个运行有效的教学和学生管理一体化管理模式、管理制度，使学生教育管理"到边、到底、到位"。比如，可以试行教学与学生管理联席工作例会制度、任课教师和辅导员交流协作制度、教风与学风建设联动制度等，并计划由教务处牵头，校团委、学生学业信息咨询中心、各学院共同参与，完成教学与学生管理一体化的基本制度框架建设，从而为一体化管理提供制度保障。

5. 加强教学与学生管理一体化的信息建设

建设统一的教学管理和学生管理信息系统，可以实现信息的集中管理、分散操作、信息共享，使传统的管理向数字化、无纸化、智能化、综合化及多元化的方向发展。为此，高校要进一步完善教学管理和学生管理信息系统的建设，以实现教学与学生信息资源共享及信息互动，促进管理的规范化，增强学校和学院两级教学与学生一体化管理协作，使其更好地为学校的育人功能服务。当然，教学与学生管理信息系统涉及面广、功能性强，它的应用在为学校教学与学生一体化管理工作带来高效、便捷的同时，也将对今后的教学与学生一体化管理工作提出全方位的、更高的要求。

6. 强化"全员育人"工作机制

学生培养涉及教与学两个方面，必须实现二者的结合才能达到培养人的目的。高校要积极探索建立一个全员联动一体化，跨边界、无缝隙，管理重心前移于教学班的"全员育人"工作体系，实行多层面、多角度、全方位育人管理模式，即广泛调动、充分利用各层面管理育人的积极作用，包括班委成员、辅导员、学生家长、专业任课教师、校领导等，全力培养德、智、体、美全面发展的合格人才。

一体化管理模式不是简单地合二为一，而是一种相互统一和相互促进的管理运行机制。因此，我们要紧紧围绕教学管理和学生管理的连接点——"育人"，以教学为中心，激发教师教学的育人功能，促进专业教学和学生管理相互融合，从而逐步建立一个有特色、有效的教学管理和学生管理一体化的管理模式和运行机制。

四、科学性、时代性、层次性相融合

学生教育管理工作是学校教育的重要环节。随着社会的文明和进步以及现代高校管理理论的研究，人的重要性凸显出来。要解决学生教育管理工作的弊端，必须在学生教育管理工作中实现制度化管理与人性化管理的有机融合，充分发挥学校和学生双方的主动性。从传统的学校管理学生变为学校管理和学生参与相结合，注重人文关怀，尊重学生人格，关注学生身心健康，实现学生全面发展，满足社会对人才多样化的需求。

第二节　互联网时代高校教育管理模式创新的重要性

一、互联网时代高校教育管理模式的创新有助于因材施教地推行

（一）更新传统的教育教学观念

要建立富有时代内涵的人才观、多样化的质量观和现代的教学观；遵循教育教学规律和人才成长规律，践行"因材施教"的教育理念，探索多样化和个性化培养。

（二）改革传统的教学方式

利用"慕课""微课程"等线上课程资源，可以实现学习过程的"翻转"：将学生接受知识的环节从课堂讲授转移到课前线上自学；而在课堂上则通过教师组织引导、师生互动和生生合作，将学生课前个性化学习到的知识融会贯通，实现知识内化的部分功能。要改革传统的课堂教学模式，引导学生自主学习、合作学习、探究式学习；探索线上线下教学相结合，共享优质教学资源，彰显教学水平和特色，改善学习效果和效率。

（三）促进教师的职业生涯发展

学习过程的翻转，导致了教师角色从知识的传授者转变为学生的学习伙伴。要优化教学评价标准，加强教师培训，提高教师运用现代信息技术的能力，激励教师研发网上课程，参与线上教学。同时，鼓励学生参与线上自主学习。

（四）创新教学管理体制

加强系统研究和顶层设计，创新教学管理体制和学生管理机制，调整教学组织形式乃至教室布局；完善教学质量监控和保证体系，重视学生学习效果跟踪和评价机制的建设，强化评价结果反馈和改进机制。

（五）高等学校要推进"互联网教学"良性发展

1. 加强联结与互动

互联网教学模式的基本特征是联结和互动。有关部门要加强统筹规划，避免重复建设和分散建设，实现优质教学资源共建共享；要引导学校改革课堂教学模式，更好地实

现师生互动、生生互动、人机互动，改善学习效果。

2. 完善学习监督和效果评价机制

要优化学习评价标准和评价方式，重视大数据技术的应用，实现教学及其管理平台的数据交换和共享，及时评价和反馈线上学习效果；要改善教师的线上教学水平，提高学生线上学习的主动性、自律性和选课完成率。

3. 探索和完善互联网教学的运行机制

优化"慕课""微课程"等课程联盟或协作组织的运营模式。要研究线上课程标准与认证方法，探索学分转换、学分互认、学分银行等机制。普通高校、开放大学、在线课程联盟或协作组织以及互联网教育产业，要协同探索、优势互补。

4. 跳出互联网教学发展的误区

教育的终极目标是培养全面发展的人。学校的办学传统、校园文化和校风学风，对学生成长成才具有潜移默化的熏陶和催化作用，对学生综合素质的养成，包括社会发展性、人际关系和公共关系、团队精神等素养和能力的养成至关重要。因此，课程教学不等于学校教育，互联网教学不能完全取代学校教育。要倡导严谨求实的态度，避免炒作、片面夸大，把重点放在优化网络教学环境、提高在线开放课程质量、共建共享优质教学资源、线上线下教学相互融合、改善学习效果和学习效率上。

二、互联网时代高校教育管理模式的创新能有效利用高校资源

首先，要解决教学资源不均衡的问题，加速实现各种优质教育资源的集成共享。要充分利用信息技术，积极进行混合式教学的探索和实验，建立高校之间优质数字化资源共建共享机制。国家精品视频公开课程和精品资源共享课程，向高校免费开放。大规模在线开放课程建设、教学资源平台建设等，可以扩大优质教育资源受益面，使高校学生能够参加国内外著名大学网络课程的学习；精品资源共享课、视频公开课等，可以提升一大批中青年教师的教学水平。

其次，要建立以学生为中心的新型教学模式，强调学生主动性、学习灵活性和教师的辅助性。在大数据背景下，以互联网信息技术为核心的各类教学模式和学习方式不断呈现，如微课、慕课、翻转课堂等。在"互联网 +"的背景下，教育已不是传统的线性模式，而是非线性、模块化、可定制的，学生可根据自身的需求、兴趣选择学习内容。对高校而言，这就需要利用互联网技术、大数据技术整合不同资源，开展启发式、探究式、讨论式、参与式教学，建立起以学生为中心的教学模式。

最后，要推动高校相关专业建设，加快培养互联网领域专业人才。把互联网技术、物联网技术、云计算、大数据、数字制造技术、智能制造技术等相关知识纳入高校的公共基础课教学，提高大学生的互联网知识水平。在高校或企业建立涵盖 3D 打印技术、智能家居技术、可穿戴技术、智能制造技术、物联网技术的"创客中心"或"创客平台"，引导大学生开展创新创业实践活动，从而实现创新与创业相结合、线上与线下相结合。

对高等教育而言，互联网教育是最优选项和必由之路，但还需要诸多的保障措施。首先，高校信息化建设的投入需安排专项资金。其次，教师信息化教学素养和意识需要与互联网语境相符合，要通过网络研修等多种方式进行提升。最后，对信息化教育绩效的评估和考核应保持常态化，各高校要专门制定本校的信息化发展规划，并定期进行评估和反馈。

第三节　移动互联网时代高校教育管理工作的指导思想与准则

一、坚持以学生为本的工作理念

（一）理解管理的真正含义，实现教师与学生的互通

在大学，教师相当于初中高中时期的班主任，而真正实现以学生为本的教学，就是从学生实际出发。真正的互通则是心与心之间的交流，而管理则是变相的服务。影响教师管理的因素有很多，其中有内因和外因之分。内因是教师需要赢得同学的认可，如用博学的知识来赢得学生的钦佩，有一种不服输的劲头，让同学和你一起奋斗一起学习，可以和同学打成一片，可以和同学心与心地交流，可以成为知己，成为朋友，成为一个倾听者。这些内因都可以实现教师与同学之间互通。而外因也有很多，如校园环境、管理结构等因素。在种种因素下教师的管理或许会有一定的困难，但是只要实现了沟通，实现了理解，那么管理就是一件轻而易举的事了。教师的管理就是预测同学可能出现的问题而去提前预防，组织同学参加各种活动，增进同学之间的关系等。沟通成就未来，让沟通促进发展。

（二）注重对学生素质方面的培养

以学生为本就是从学生的实际出发，在大学期间不仅要教导学生学习知识，而且应该全面培养学生的良好素质，教师在这方面可以多加引导、指引。现在有些大学生注重学习，却忽视了道德理念，教师就应该起到引导的作用，加强学生的思想道德观念，把学生培养成为全面人才。从现在的大学生自身发展状况来看，当代大学生正处在世界观、人生观、价值观形成与发展的重要时期，这个时期大学生的思想、道德心理等方面都有一定的发展。在期间就应有教师的引导与教育来培养大学生正确的世界观、人生观、价值观。现在不论是在社会上还是在生活上都很注重思想道德修养的培养。思想道德是一个社会的准则，所以学生在大学期间更应注重它的培养。

（三）在教学中要以学生为本

所谓的以学生为本就是把学生作为学校教育和管理的根本，就是时时处处把学生的利益放在首位，就是从学生的立场和想法出发来开展工作。但是，以学生为本绝不是对学生的一味纵容和对所有想法的大力支持，也不是抛弃师生关系最基本最底线的道德要求和行为规范，而以学生为本就是孔子所说的因材施教，根据学生本身来制订学习计划，这对于现在的教学来说是有些难度的，但是这个理念我们应该坚持下去。中国学生应试教育做得很好，实际操作能力较差，其想象能力也十分缺乏。在现在的实际教学中，只有提高学生的动手能力和思维想象能力，才能将学生培养成为全面的人才。教师要让大学生转变学习态度，因为知识是一个人成功的根本，学习是对未来投资的积累。学习是真正的成功之母，是一个人成才的根基。现在有的大学生认为考上大学就成功了，上了大学就浑浑噩噩地度过了四年。因此转变大学生的学习态度才是关键，在大学里可学习的东西很多，可以让学生充实地度过四年的大学生活。在这四年学生可以给自己设置一个目标，设置近期的目标、中长期的目标及远期目标。这些目标不能过大，要有一定的可行性，当学生实现了近期目标后就有信心继续实现下一个目标，这样不仅在大学期间学到了知识，还可以让学生获得个人满足感及自信心。在教学中，老师对学生不放心，生怕漏教某些知识，所以总想把所有的知识都教给学生，每个课堂的时间安排满满的，没有给学生一点时间去吸收和消化，学生课下就没有了探索的想法，变成了一味地复习、做题，导致恶性循环。老师应该在教学中设置情景式教学法或以游戏的方式教学等。这些方法在教学过程中使用的同时要注意培养学生的自主性，可以使用学生相互教学法，在实践中培养学生的自主性，这不仅是一个新颖的教学方式，同时也可以让学生体会老师的教学意图，树立课堂整体观念。使学生在独立思考的同时，可以相互学习，增强学习的热情。教学是一个相长的过程，学生在准备教学的时候会查阅很多资料，经过反复琢磨总结。这样的教学是有效的，是真正的以学生为本。

（四）开拓、挖掘学生的潜力

总之，教育是以关心、关怀、关爱学生的健康成长为目的，作为教师应该密切关注学生的言行、感情、心理等各个方面，只有这样正确地为学生着想，才有助于以学生为本，构建和谐校园。在日常教学中应开拓学生的潜力，教师应通过日常的细微小事来发现和挖掘学生的才华，这样才会使每个人受益。现在强调的是素质教育，而素质教育并不只是学习，而是德、智、体、美、劳全面发展。

现在的社会需要的是有能力、有思想、有内涵的年轻人，所以现在提出的以学生为本的教学，是从学生的实际出发，使整个社会更加和谐。教师的引导与教育，是使之持续发展的一个重要因素，而培养学生的潜力则是推动以学生为本的另一因素。

在这个日新月异的社会，大学教育已逐步成为普及教育，大学生在大学的生活与学习已成为家长、老师共同关注的问题，以学生为本的教学理念已成为一个开拓大学教育的新理念。教师在管理中要实现以学生为本，不仅体现在学习中，还应在生活中的各个方面，在以学生为本的同时，可以挖掘学生各方面的潜力。

第四节　移动互联网时代高校教育管理工作的新机遇

就教育主体而言。网络时代对教育主体提出了更高的素质要求，无论是学校思想教育指导思想的摸索、制定、贯彻还是信息系统的建立、维护和改善，都离不开一支既有过硬的思想水平和觉悟，又具备较高的网络管理才能和信息时代思维方式的教师队伍。我们教师应加强计算机及网络技术的学习，把网上研究与学生工作紧密结合起来，成为学生在信息世界中的指导者和组织者。应该树立一种"教会选择"的观念，调整自己的角色，从"教会顺从"的训导者变成"教会选择"的指导者。

就教育客体而言。网络为学生打开了沟通世界的大门，扩大了学生的交往面；网络让学生更自由地表达自己的思想。网络互动使学生人际互动的范围扩大、互动主体性增强、互动互助性增强。网络打破了语言、地域、身份、地位、社会制度、文化背景甚至心理等局限，扩大了人们的交往范围。

就教育环境而言。网络促进了人类文明成果的大交流和世界文化的大创新。这些新的人类文化成果丰富了学校德育的内容，扩展了德育的文化视野，形成了一个新的学校德育文化媒体环境，对学校德育有深远的积极意义。但网络环境具有易变性和难以控制的倾向，对我国社会的正规教育是一大挑战；网络形成了新的德育环境，传播的内容具有公开性、不可控制性的特点，它使青少年能够突破传统媒体对不良信息的限制，使以往所强调的"突出主旋律"的传播原则受到了挑战。网络媒体环境的公开性为青少年学生的社会化创造了更为开阔的空间和更为便利的条件，网络所构筑的虚拟环境为学生提供了更大范围的社会实践环境。

就教育内容而言。网络时代人们的交往方式、思想观念、道德价值取向发生系统的改变，并产生一些新的道德需求，现实的道德规范在"网络社会"中已显得不足或过时，为了适应这一全新的社会环境，需要构建新的道德规范体系，德育教育必须重构自己的道德内容。因此，网络时代学校德育的内容应注重培养学生的自主选择判断能力、自律意识和自我约束能力。

就教育效果而言。网络作为一种沟通途径，有利于促进师生双方的沟通，有利于提高德育教育实效。另外，网上资源丰富，信息共享，也有利于开阔教育者的视野，从而提高德育的质量。利用网络技术形成生动活泼的虚拟现实生活环境，可以为学生进行各种价值选择实验提供虚拟体验，提高学生的兴趣，从而提高德育教育效果。但网络信息环境的开放性和难以监控性，容易对德育教育效果产生消极影响。

首先，网络时代的来临有利于提高高校学生管理工作的针对性，为高校学生工作奠定良好的思想基础。在传统的高校学生管理模式中，学生处于一种接受知识的位置，不利于学生思维的发挥，创新精神被排斥或限制。而在网络环境下，网络文化的强烈开放性和全球化、数字化、虚拟化等特点，使学生可以自由、平等地体验网络文化带给人们的新境界。学生由传统的被动式接受知识的"灌输"教育转化为主动参与思想交流，赞成什么、反对什么均可以在网上表示。这使学生工作者能够获得真实的思想信息，对于学生工作的研究及开展针对性和时效性教育提供了契机。同时，学生工作者也可以在虚拟的网络世界里发布有益的信息，对大学生的思想进行积极引导，这对于提高教育的效果，也具有重要意义。

网络文化显示了其强大的生命力，备受大学生的欢迎。这极大地刺激了大学生的创新意识、竞争意识和实效意识。网络文化也开辟了大学校园文化的新领域，形成了新的文化范畴和文化精神，使大学生在道德观念、生活态度、思维方式、行为模式、心理发展、价值取向等方面表现出新的发展与提升。在客观上为高校学生工作奠定了良好的思想基础。在网络中，学生乐于敞开心扉说实话，自由发表意见和见解，有利于高校教育管理工作者能够更迅速、更确切地了解学生的思想情绪，掌握其思想动态和利益要求，从而把握其思想脉搏和心理脉络，并对症下药，做好教育与引导，从而增强工作的时效性和针对性。

其次，网络的特点使高校学生管理工作更具亲和力和人情味。网络具有开放性和虚拟性，网络信息具有可选择性、平等性，在网络世界里没有权威，这使得学生管理工作更具亲和力、人情味，能够取得更好的教育效果。在网络中，教育工作者与学生之间的地位是平等的，教育工作者不是提供"说服"，而是提供影响、选择、引导。在网络时代，教育管理工作可以融入网络的各种形式中，把正确的世界观、人生观、价值观渗透其中，以增强感染力和影响力。同时，网络的发展使高校学生管理工作可以摆脱时间、空间的限制，迅速而广泛地传播。网络作为新的通信手段，信息传递迅速高效，提高了教育管理工作的效率。

再次，网络的发展为加强和改进高校学生管理工作提供了新的渠道和手段，使工作手段更加多样化，工作方式更具灵活性。在学生工作中，传统的思想教育模式是报告会、演讲、墙报、专刊、社会实践及各种寓教于乐的校园文化活动。而在网络时代，随着大学生上网普及率的提升，教育管理教育的方式和手段更加多样化，如网上讲座、博客、微博、电子信箱、网上交谈、红色网站、热线服务、短视频平台等，这些都为高校的学生工作注入了新的活力，这些新方法受到了大学生的广泛欢迎。因此，充分利用好网络，可以使我们的工作做得更加有声有色。网络是一种极具感染力的传播媒介，它将文本、声音、图画等信息集于一体，能够激发学生的求知欲和想象力，也符合大学生要求自主发展的心理，有利于调动他们的自觉性和主动精神。高校学生管理工作可利用网络特有的信息高集成性、互动性和可选择性，促进学生有选择地、自主地接受教育，这就改变了以往教育工作者需要当面"说服教育"的情形。同时，网络信息的可复制性、共享性、实时性，使全体学生同时接受教育成为可能，这也是传统教育方法所不可及的。

　　最后，网络还能最大限度地实现高校教育管理教育工作的社会化。当代大学生在成长的环境、学习和生活的方式、接受信息的形式、思维方式等方面都发生和正在发生重大的变化。要根据这些新的变化，因地制宜、因时制宜，加强高校学生管理在方法、手段等方面的改革与创新。要充分利用网络，开展丰富生动的形势与政策宣传教育，活跃学生课外生活和校园文化活动，弘扬主旋律，扶植正气。学生工作要想做到实处并达到良好效果，离不开社会、学校、家庭的共同努力，而网络的"超时空性"恰好为三者的结合提供了方便，使家庭教育、学校教育、社会教育紧密联系、融为一体成为现实。

参考文献

[1] 桑华香，张淑荣，张素荣.中小学教育教学策略研究[M].长春：吉林人民出版社,2022.

[2] 聂惠芳.基于教育生态理论的小学教育实践[M].广州：暨南大学出版社,2022.

[3] 李玉龙.小学课堂教学设计与教师审美思维培养[M].北京：中国纺织出版社,2022.

[4] 蔡烨.浅谈新课改下小学教育管理模式[J].读友,2022,(第4期)：181–183.

[5] 杨军海.浅谈小学教育管理中激励机制的运用[J].传奇故事,2022,(第39期)：102–104.

[6] 张大鸿.家校合作在中小学教育管理中的应用分析[J].新教育时代电子杂志(学生版),2022,(第34期)：1–3.

[7] 郭金英，王立柱.基于素质教育背景下的小学教育管理[J].天津教育,2022,(第22期)：168–170.

[8] 熊圆梦，谢念湘.中小学课堂教学评价探究[J].当代教研论丛,2022,(第8期)：22–25.

[9] 唐晓明.双减背景下小学课堂教学改革的实践创新[J].世纪之星：小学版,2022,(第14期)：22–24.

[10] 徐立斌.利用现代信息技术优化小学课堂教学[J].今天,2022,(第8期)：245–246.

[11] 孙连京.高校教学管理理论与实践[M].南昌：江西高校出版社,2019.

[12] 阮艳花，张春艳，于朝阳.教育管理理念与思维创新[M].汕头：汕头大学出版社,2019.

[13] 高连宏.高校创新创业教育理论与实践[M].北京：现代出版社,2019.

[14] 李刁."互联网+"时代高校德育实践创新研究[M].武汉：华中师范大学出版社,2019.

[15] 胡凌霞.高校教育管理理念与思维创新[M].长春：吉林大学出版社,2020.

[16] 宋丽萍.新媒体环境下高校学生教育管理工作创新研究[M].长春：吉林大学出版社,2020.

[17] 冯卫东.高校教育管理创新与实践[M].成都：西南财经大学出版社,2020.

[18] 解方文.高校教育创新及其管理体系的建设[M].北京：经济管理出版社,2020.

[19] 李喆.地方高校创新创业教育研究[M].济南：山东人民出版社,2020.

[20] 宫磊.高校图书馆管理与服务创新研究[M].长春：吉林大学出版社,2020.

[21] 冉启兰.教育管理理念与思维创新 [M].长春：吉林出版集团股份有限公司，2020.

[22] 叶云霞.高校人力资源管理与服务研究 [M].长春：吉林大学出版社，2020.

[23] 王书贵.高校立德树人的理论探索与实践创新 [M].银川：宁夏人民出版社，2020.

[24] 商应丽.建构高校艺术教育管理的生成之维 [M].长春：吉林大学出版社，2020.

[25] 索金龙，申昉.高校财务管理技术创新研究 [M].北京：北京工业大学出版社，2020.

[26] 王利平.网络环境下高校思想政治教育方法研究 [M].武汉：武汉大学出版社，2020.

[27] 刘思延.高校教育教学管理实践与创新发展 [M].哈尔滨：哈尔滨出版社，2021.

[28] 赵玉营，赵玉莹，严崚.新形势下高校人才管理及素质教育创新研究 [M].延吉：延边大学出版社，2021.

[29] 周芸.高校教育教学管理模式创新研究 [M].北京：中国财政经济出版社，2021.

[30] 洪剑锋，屈先蓉，杨芳.互联网时代下高校教育管理与评价创新 [M].延吉：延边大学出版社，2021.